EDAF
MADRID - MÉXICO - BUENOS AIRES

AMANDO HURTADO

POR QUÉ SOY MASÓN

Filosofía, simbolismo y tradición
iniciática de la Masonería

NUEVOS TEMAS

© 1994. Armando Hurtado
© 1994. De esta edición, Editorial EDAF, S. A.

Editorial EDAF, S. A.
Jorge Juan, 30. 28001 Madrid
Dirección en Internet: http://www.edaf.net
Correo electrónico: edaf@edaf.net

Edaf y Morales, S. A.
Oriente, 180, n.º 279. Colonia Moctezuma, 2da. Sec.
C.P. 15530 México, D.F.
Dirección en Internet: http://www.edaf-y-morales.com.mx
Correo electrónico: edaf@edaf-y-morales.com.mx

Edaf y Albatros, S. A.
San Martín, 969, 3.º, Oficina 5
1004 Buenos Aires, Argentina
Correo electrónico: edafal3@interar.com.ar

Edaf Antillas, Inc.
Av. J. T. Piñero, 1594 - Caparra Terrace (00921-1413)
San Juan, Puerto Rico
Correo electrónico: forza@coqui.net

No está permitida la reproducción total o parcial de este libro, ni su tratamiento informático, ni la transmisión de ninguna forma o por cualquier medio, ya sea electrónico, mecánico, por fotocopia, por registro u otros métodos, sin el permiso previo y por escrito de los titulares del Copyright.

7.ª edición, julio 2001

Depósito Legal: M. 29.473-2001
I.S.B.N.: 84-7640-874-9

| PRINTED IN SPAIN | IMPRESO EN ESPAÑA |

Anzos, S. L. - Fuenlabrada (Madrid)

IN MEMORIAM

*A don Santiago Ramón y Cajal,
ilustre masón español.*

Índice

Págs.

PRIMERA PARTE
CONCEPTOS GENERALES

PRÓLOGO 11
Prólogo a la segunda edición 20

- I. ¿Por qué yo? 23
- II. Definición 33
- III. A grandes rasgos 37
- IV. En torno a la Reforma del siglo XVIII 55
- V. Masonería caballeresca 65
- VI. Lo que buscamos 77
- VII. ¿Somos «liberales»? 85
- VIII. Breve reseña histórica española 97
- IX. Comentario de antaño 105

SEGUNDA PARTE
DEL SÍMBOLO

- X. Introito 117
- XI. Masonería y tradición iniciática 121
- XII. Simbolismo iniciático 129
- XIII. Rudimentos simbólicos 137
- XIV. Simbolismo básico del primer grado 147
- XV. Las Constituciones de Anderson y el Derecho masónico 187

	Págs.
Apéndice: Algunos francmasones célebres	203
Bibliografía.	209

Prólogo

> Dice Diógenes Laercio, en su conocida *Vida de los hombres más ilustres,* que Filolao pasó a Platón un libro que contenía la tradición secreta.

C ON este libro, Amando Hurtado nos tiende su amiga mano. Y, como lo hace para ayudarnos a franquear una bien tumultuosa corriente, desde las primeras líneas de su texto nos advierte de la existencia de un confuso rumor que distorsiona la transmisión de todo mensaje relacionado con la Masonería. No exagera. Porque bien cierto es que los prejuicios y falsas ideas que se han ido creando a propósito de la Orden han terminado dando de ésta «una imagen final harto confusa». De ahí que demos tan sinceramente la bienvenida a este libro que tiene la valentía de adentrarse en el proceloso océano de la desinformación general para aportarnos su sincera y fraternal luz. Y sólo es necesario un poco de sentido común, en el más honesto significado de este término, para darse cuenta de que este trabajo de Amando Hurtado es verdaderamente clarificador.

Su recorrido por la historia de la Masonería, trazado con prosa hermosa y bien documentada, guarda una frescura sincera que inmediatamente nos hace participar en sus hallazgos. Como si su principal empeño fuera, por enci-

ma del de transmitirnos un conocimiento cierto, el de revelar en cada uno de nosotros la posibilidad de hallar y la voluntad de seguir buscando. Y es este afán de compartir lo que da a este texto su calidad iniciática.

Sin ambigüedades, el autor opta por la dimensión espiritual de la Tradición, haciendo de la iniciación del neófito en los caminos de la Perfección la razón misma de la Masonería. Y es opinión que nos parece justa y cierta, pues hasta el mismísimo Goethe murió pidiendo todavía más luz.

Respondiendo a esta voluntad clarificadora, Amando Hurtado, estructurando su libro con la simplicidad de uno de aquellos maestros lombardos que edificaban las primeras abadías romanas, lo ha dividido en dos partes: una en la que estudia la historia de la Masonería, y otra que es una breve iniciación a sus símbolos fundamentales; y ha coronado esta imbricación, de lo que podemos llamar crucero con lo que podemos denominar nave del libro, con un pequeño ábside, el capítulo final sobre Derecho masónico, que da al edificio fundamento. Y como tres eran, según el autor, las ventanas que iluminaban el Templo de Jerusalén, tres son también las luces que ornan este libro: la Luz de la Historia, cuestionando los orígenes míticos y reales del noble Arte de los Compañeros Constructores e iniciándonos a un conocimiento que no sacia, porque cuanto más sabemos, más queremos conocer; la Luz de los Símbolos, puesto que, como cita el autor, «la Francmasonería es una Institución para la Iniciación por medio de símbolos»; y, por último, la Luz del Derecho, porque si desde Pitágoras sabemos que cultos y obediencias tienen su manantial en el Oriente llegando a ser en algunos de sus ritos algo así como una cofradía arqueológica, la Masonería, estudiosa de las viejas ordenanzas, los llamados landmarks, continúa investigando los orígenes de la consimbolización gremial y la adquisición de franquicias —pues libertad es condición sine qua non del conocimiento simbólico—, campos en los que los miembros de la Orden han realizado importantes descubrimientos.

De todas maneras, es evidente que la idea de compartir y comprometerse en unas letras (o símbolos) es, desde que comenzaron a utilizarse hace ya mucho más de 5.000 años, una dimensión fundamental de lo humano. Dotada de un alfabeto cuyo origen está en la pirámide de base cúbica (actualmente caído en desuso), la Masonería ha sido consciente de que todo lenguaje, siendo siempre convencional, debe, también siempre, permitir esa libertad de pensamiento que ella considera esencial. Porque el ser consciente de la arbitrariedad de todo código no le ha impedido ser al mismo tiempo consciente de lo esencial del mensaje.

De la misma manera que cualquier consideración sobre el relativismo de Einstein o la incertidumbre de Heisenberg no nos impide extasiarnos ante la ingeniosa manera que utiliza Pitágoras para permitirnos adentrarnos en los misterios de lo euclidiano, la babélica multiplicación de códigos no puede hacer dudar a la Masonería, forjadora de símbolos, de la validez de esa urdimbre geométrica del universo que hace aparecer las cosas como arquitecturas de signos y da al símbolo la virtud de facilitar creaciones y transformaciones. De alguna manera, la gravidez que lía las cosas entre sí y hace de todo relación, es también el camino por el que todas estas cosas pueden tender hacia lo óptimo, hacia su excelencia.

Pero, por supuesto, la interpretación y utilización de los símbolos masónicos, que vinculando directamente a cada nuevo iniciado con la Gran Tradición lo transforman en un elemento imprescindible de lo esencial (auténtico grano de la granada), es tarea verdaderamente muy delicada que exige un muy medido y diestro uso de la escuadra y el compás.

Elementos de un código —como tal código necesariamente colectivo y vocacionalmente fraternal—, los símbolos masónicos sosiegan y equilibran el necesario debate entre las diversas opiniones que la Masonería sociedad tolerante, admite en su seno, y calman e iluminan la necesaria reflexión que debe hacer a cada momento el iniciado a propósi-

to de las múltiples opciones que se le ofrecen. Pero, cargados de sentido y por ello dotados de una gran capacidad ordenadora, los símbolos masónicos tienen la paradójica y mágica virtud de no poder ser interpretados por hombres que no sean libres. Por ello se dice de estos símbolos que están colmados y huecos y que, de la misma manera que el trabajo de los obreros puede ser a obra acabada o por jornadas, pueden ser recibidos en el taller en el curso de la iniciación, pero también pueden ser «revelados» en profundidad gracias al específico trabajo de algún hermano sobre uno u otro de ellos o sobre diferentes aspectos de un mismo símbolo.

De todas maneras, y sea como sea, estos símbolos son el tuétano invisible que sustenta a la Masonería y lo que hace que ninguna controversia pueda dañar su nódulo central. Estos símbolos preservados son los que se transmiten, incólumes, a través de las vicisitudes y las, por ley natural efímeras, interpretaciones personalistas que algunos han dado de ellos en éste o aquel momento, en éste o aquel lugar geográfico.

El misterio que se transmite, siendo esencialmente dinámico, no varía, como esos animales que periódicamente mudan de piel, su más íntima identidad. Sus elementos son, antes que nada, auténticas llaves de transformación. Es precisamente esta perennidad en lo esencial lo que la Masonería, escudriñadora de misterios, cubre con el velo del secreto.

Pero no hay ninguna duda: es en muy hermético taller donde debe cincelarse rigurosamente el iniciado para no dejar filtrar al exterior otra cosa que el esplendor filantrópico de la fraternidad lograda.

El bien hacer del masón en sociedad se sustenta en la preservación de esa intimidad en la que continuamente forja su virtuosa capacidad de consenso sin nunca ceder nada de su libertad, pues el goce de ésta es, como ya hemos dicho, algo que el masón no puede alienar.

Como en los prometeicos ritos de Tubal-Caín, es con un metal, que no es otra cosa que libertad, con lo que el masón debe forjar su cadena de unión. Pero haciendo esto, si es buen masón, también deberá ser capaz de trocar el indispensable plomo de su opinión personal, no diluyéndolo simplemente en la decisión común, sino ecuanimizando su propio impulso con los parámetros esenciales de la Fraternidad. Y esto es así porque estos parámetros, símbolos esenciales, son para cualquier masón, por muy poco que haya aprendido a descifrarlos, la auténtica fórmula del más fino y filosófico de los oros.

La realización de este difícil trabajo para el que los masones se reúnen en sus talleres ha dado origen a múltiples y muy variados rituales (entre los que hay algunos a los que su belleza de forma y contenido dan la calidad de auténticas representaciones artísticas). De la misma manera, y como ya hemos indicado, los misterios de la Orden han sido interpretados desde innumerables perspectivas, aunque la mayoría de las veces de manera errónea.

Y, lógicamente, esta diversidad de ritos e interpretaciones, fundamentalmente benéfica para algunos, trágica para otros, ha terminado produciendo también una diversidad de Obediencias, como antaño en la cristiana iglesia se hablaba de cluniacenses, cistercianos o franciscanos. Pero en realidad, si observamos bien, podemos darnos cuenta de que todas estas divisiones y subdivisiones proceden de una misma controversia; aquella que sostienen Liberales y Regulares a propósito de un número muy limitado de principios. La persistencia de la discusión a través del tiempo a pesar del escaso contencioso —y escaso es éste aunque algunas de las cuestiones sean fundamentales, como lo es, sin duda, la de la creencia o no creencia en Dios—, hace pensar que el verdadero problema, si problema puede llamarse, reside en esa, por otro lado necesaria y justa, voluntad de desdoblamientos y aunamientos a través de un gradual discernimiento de calidades que es propia del trabajo masónico.

En este libro, Amando Hurtado nos aporta, de forma seria y precisa, aunque siempre amena y agradable, los ele-

mentos fundamentales para que podamos comprender todo este proceso. Sus comentarios sobre las primeras manifestaciones modernas de la Francmasonería dejan, por ejemplo, perfectamente claro un hecho: sean cuales sean las influencias que cada uno de los tres estamentos del orden social de la época (casta militar, sacerdotal o gremial) depositaran sobre la Orden naciente —aunque fuesen los gremios los que, afianzando sus libertades y derechos recién conquistados, se identificasen más ceñidamente con los ideales armónicos de la milenaria cofradía—, es evidente que en el crisol de la Orden aparecen fundidas bajo «un denominador común de fraternidad que tempera, tanto las euforias centrífugas de un progresismo desvinculante de los principios trascendentes en los que la Orden ancla su esencia, como los posibles devaneos seudoespirituales a los que puede conducir la ausencia de "escuadra" y "compás" en las rutas del Conocimiento».

Y esto que dice Amando Hurtado es de una gran importancia. La escuadra y el compás, atributos fundamentales de una corporación que, gracias a su justamente ganada franquicia, supo guardar, pero también transmitir, y en un cierta medida desarrollar, los elementos esenciales de la Gran Tradición, son útiles imprescindibles, pues son ellos los que traban los principios trascendentales en esa piedra, discernible para la razón y razón misma del pesar y del medir, que es piedra real y material pero que también es, como podría haber dicho Einstein, luz congelada.

Como aquel Arte de Música, que así era como llamaban los antiguos a la Alquimia, con cuyas alegorías ornaban sabiamente los Constructores los iniciáticos pórticos de sus templos, la Masonería pretende anidar el espíritu en su hermético recinto, para intentar conciliar allí el querer dar a lo volátil forma con el querer dar, a la gravidez, alas. Graduar con plomada, regla y compás las cosas del espíritu y tallar con retóricas artes la piedra hasta trasformarla en la mismísima alegoría de la quintaesencia, son labores con las que la Francmasonería intenta realizar el gnóstico proyecto: extraer de lo más opaco lo más luminoso. De ahí que lo principal sea el ceñido duelo que todo masón debe mantener con sus propias tinieblas.

Porque no hay que olvidar que, como dice el autor, el Hombre encierra un complejo y sutil bagaje espiritual que precisa de «tiempo» y de «espacio» para ordenarse, a través de los grados de la iniciación, y lograr «esa verdadera conciencia individual en la que debe apoyarse indispensablemente el proyecto de Fraternidad Universal de la Masonería».

Pasaje de un estado de «natura naturata» a otro que podemos denominar de «natura naturans», la Iniciación, por su carácter fraternal, no conduce nunca a la obtención de un sentido unidireccional, sino que ubica los elementos (uniendo lo disperso pero preservando todas las calidades discernidas) según una sabia y esotérica geometría que, coordinando el corazón del iniciado con el Templo y este último con el Cosmos, intenta lograr una triangulación perfecta.

Pero, por supuesto —y uno de los más grandes aciertos de este texto es precisamente el hacer evidentes cuestiones como ésta—, esa ubicación en relación a un Todo trascendente —al que, por cierto, se le niega toda posibilidad dogmática— es angulación esencial de todo el edificio. Y es precisamente sobre esta «piedra angular» sobre la que se proyecta el claroscuro límite que separa a esas dos concepciones de la ciencia que se han hecho frente durante los últimos siglos. Y esto se relaciona con esa perennidad de lo esencial a la que antes nos referíamos.

La Masonería, centrada en un pensamiento hermético que considera que existe una interacción entre todos los elementos espaciotemporales del universo (y, por supuesto, entre el observador y lo observado), también está lejos de esa ciencia que los decimonónicos llamaron «moderna»; ciencia que, buscando escapar de las supersticiones y errores dogmáticos que la condicionaban, prescindió radicalmente de cualquier referencia trascendental.

De la misma manera, muy diferentes son las interpretaciones que la Masonería y el mundo profano hacen de la idea de progreso. En el mundo profano, cada nuevo progreso supone la destrucción de un estado anterior, su abandono, su olvido... Siempre en una loca carrera hacia delante en la que nada, y menos que nada los objetivos, está claramente definido. Todo lo más, la llamada competitividad nos ofrece como referencia alguien a quien vencer o superar, raramente algo que alcanzar o ganar. Progresar se transforma así en sinónimo de escapar a unos infiernos, que el profano, para justificar esta evasión, se ve obligado a invocar, buscando provocar con la exacerbación de las contradicciones la explosión que le haga, si no progresar, al menos mudar.

Por el contrario, en el pensamiento masónico el progreso es una continua asunción del conocimiento depositado en la Gran Tradición, pero ni siquiera por afán de erudición o sabiduría, sino como vía de acceso a la más extrema y perfecta sencillez. Incluso podría decirse que, para los masones, el iniciado del último grado es un hombre que ha alcanzado ese estado que los orientales llaman, por carecer de nombre, el Tao. Progresar en Masonería es solidarizarse con el proceso de desalineación. Aunque, por supuesto, para alcanzarlo, hay que acceder antes a la revelación paulatina de los sellados arcanos de la Orden. Y de lo terrible de los misterios desvelados da una idea el hecho de que la palabra griega que significa revelación, «apocalipsis», ha terminado tomando para los profanos el sentido de catástrofe final. Pero instrumentándose la Masonería a través de los útiles simples y precisos de los Constructores, el peso de tamaña revelación no cae directamente sobre las frágiles espaldas del iniciado, sino que queda suspendida en las cadenas de unión que trenzan las fraternales legiones que se congregan entre las fabulosas columnas del Templo en formación. «Después de esto, vi a cuatro Ángeles de pie en los cuatro extremos de la Tierra, que sujetaban los cuatro vientos, para que no soplara el viento ni sobre la tierra ni sobre el mar ni sobre ningún árbol» (Apocalipsis 7,1).

Rosa angelical y esotérica, la Masonería crea un espacio preservado de la furia de los vientos, atanor hermético, en el que la Extrema Gloria de los Misterios del Templo cobra vida en la intimidad del corazón de cada hermano... como un milagro que le estaba desde siempre específicamente destinado, pero al que sólo puede acceder a través de una escala de grados en los que debe aprender a medir y a contar con el buen uso de la escuadra y el compás. Y esto es así, progresivo, gradualmente iniciático, porque, en realidad, son los hermanos los que tienen esa dimensión espaciotemporal —el periodo que va desde su nacimiento hasta su regreso al Oriente y su ubicación en éste o aquel valle— en la que deben desarrollar esa potencialidad natural que reside en cada uno de ellos. Como dice Amando Hurtado: «Lo que se persigue mediante la vivencia de la fraternidad masónica es, precisamente, crear las condiciones indispensables para que todos tengan su oportunidad de actualizar el derecho innato a tomar conciencia de sí mismos libremente.»

JOAQUÍN LLEDÓ

Prólogo a la segunda edición

AGRADEZCO el apoyo y los valiosos comentarios críticos de cuantos Hermanos y amigos han tenido a bien dirigirse a mí tras la primera aparición de esta modesta obra, cuya única finalidad es la de subrayar y divulgar el carácter iniciático de nuestra augusta Orden.

Importantes acontecimientos han determinado al grupo de Hermanos que integramos la R. Logia Génesis a acogerse a los auspicios de la Gran Logia de Francia. El hecho, nada insólito en nuestra historia institucional, pone tan sólo de relieve nuestra decidida voluntad de trabajar exclusivamente a la gloria del Gran Arquitecto del Universo en la más nítida línea de la tradición masónica andersoniana y conforme al Rito Escocés Antiguo y Aceptado. No hemos renunciado a nada, sino todo lo contrario: creemos, reactualizando la fe, que en su día alentó al Hermano Friedrich Christian Krause, que una nueva etapa ha de abrirse para la masonería española y europea en estos momentos.

Ojalá sirva este pequeño libro, en alguna medida, a tan noble causa.

Despreciando las Sagradas Escrituras de Dios se ocupaban en la Geometría, ya que son hombres terrenales que hablan terrenalmente y no conocen a Aquel que viene de lo Alto. Estudian con afán la Geometría de Euclides, admiran a Aristóteles y Teofrasto, y algunos incluso veneran a Galeno. ¿Es necesario, tal vez, aclarar expresamente que aquellos que muestran su herejía haciendo uso de la ciencia infiel y adulteran la pureza infantil de las Sagradas Escrituras con las argucias de los impíos, nada tienen que ver con la Fe?

EUSEBIO, Obispo de Cesarea: *Historia Eclesiástica*, 5, 28, 14.

¿Cómo creer a quien afirma que el Sol es una masa incandescente y la Luna un cuerpo semejante a la Tierra?

TACIANO: *Discursos a los griegos*

I. ¿Por qué yo?

ALGUNAS vivencias de nuestra infancia son indelebles. Otras son, además, como es bien sabido, premonitorias. Quienes vivimos nuestra infancia durante los primeros años de la posguerra civil conservamos nítidas imágenes de cosas y hechos que, a lo largo de la vida, hemos ido tratando de colocar en su sitio, hilvanándolos como secuencias de una realidad global imposible de percibir entonces.

Recuerdo de manera especial haber oído la palabra masón por primera vez de labios de mi padre. Era un hombre sencillo, maduro (cumplía cuarenta y tres años al nacer yo) y gran amante de la lectura. Repetía con frecuencia que sólo admiraba sinceramente a quienes eran sabios. Debía tener yo siete años el día en que, paseando por las Ramblas barcelonesas con él y un par de amigos suyos —entonces el «paseo» era casi un rito que cubría una función social paralela a la de las tertulias—, le oí hablar de Ramón y Cajal como sabio y «masón». Bajó la voz para pronunciar la palabra.

Después, durante mi adolescencia de españolito de tibia «clase media», percibí con mayor claridad que aquello de masón molestaba seriamente a las gentes del sistema. Los masones eran ateos, librepensadores, secretistas y diabólicos. Más tarde, ya en la Universidad, cuando empezó a despuntar mi muy modesta inquietud política, resultó que los masones eran, además, «burgueses» de filiación claramente capitalista. Por si todo ello fuera poco, su nombre sonaba unido al de los «judíos», con los que conspiraban en «contubernio» en pos del control del planeta. Había mucha morbosidad en todo aquello.

Tenían que transcurrir años para que el aluvión de conceptos-etiqueta que ha alimentado habitualmente el apretado archivo de conocimientos-respuesta, al que tan proclive ha sido siempre nuestro sistema educativo, fuese posándose por secciones en mi conciencia. Inevitablemente se ha ido encargando de la selección eso que llamamos «mi modo de ser». Creo que lo decimos un tanto a la ligera, siendo, como es ésta, una de las expresiones castellanas de mayor densidad ontológica.

Por mi modo de ser, se decantaron en mí aficiones lingüísticas que siempre han predominado sobre la raspada formación jurídica recibida en las aulas de la Complutense. El juego de las religiones positivas en el devenir de las diversas civilizaciones atrajo tempranamente mi atención. Todo lo demás ha sido ornamental.

Como no tengo intención autobiográfica alguna, creo que puedo detenerme en este punto para reflexionar sobre la dualidad clave que se encierra en el bosquejo que acabo de exponer. Mi «trabajo» en torno al estudio de las lenguas habría sido algo así como el «oficio» vocacional en el que se ha ejercitado el interés espontáneo que todos sentimos por algún aspecto concreto de la realidad de nuestro mundo inmediato, nuestro «microcosmos». Los fonemas y sus relaciones interactivas, capaces de evocar formas materiales y abstracciones derivadas de ellas, requieren el desarrollo de un trabajo y de una técnica metodológica aplicados por la voluntad activa al análisis y transformación de la «materia».

El otro componente de la dualidad evocada surge de la atracción por las explicaciones que en torno al tema del «Ser» (existencia esencial) se han dado a través de la Historia y la forma en que algunos puntos de vista sobre ello han determinado los procesos sociales.

Creo que todos nos preguntamos reiteradamente qué sentido puede tener nuestra vida y de qué modo estamos realmente vinculados con cuanto percibimos. El planteamiento es inexorable, y el sesgo de nuestra formulación específica depende, casi siempre, del «trabajo» al que estemos sometiendo a nuestra mente. En el desarrollo de esa investigación que realizamos a escala individual podemos partir de lo concreto intentando alcanzar conclusiones que, a menudo, deseamos proyectar holísticamente. También podemos optar por la aceptación de enseñanzas metafísicas propuestas por quienes aseguran haber establecido «contacto», de alguna manera, con una verdad supraestructural que determina en sentido descendente toda la realidad del mundo percibido. En definitiva, nos planteamos, algunos, dos vías de acceso al Conocimiento que son aparentemente diferentes, pero que pueden confluir a final de trayecto.

Dice Roger W. Sperry (Nobel de Fisiología y Medicina en 1981) algo que puede hacer meditar a los «beatos» del neocientificismo, pero que ya había sido meditado mucho antes:

> Si un principio de incertidumbre opera en los niveles subatómicos, ello no implica necesariamente que ese indeterminismo opere en general en el orden natural entero o que caracterice la esencia de la realidad... Es tan sólo la exclusión del macrodeterminismo lo que es un error reconocido, y la ciencia no ha excluido el macrodeterminismo en su práctica, sino tan sólo en su filosofía, su teoría y su punto de vista... El macrodeterminismo puede aceptar que el curso entero de la evolución sea predicho, en principio, partiendo de las propiedades subatómicas, pero ello no cambia el argumento relativo a la aparición de la evolución, a la emergencia de las nuevas propiedades (surgidas de combinaciones a nivel inferior) que ejercen, desde ese momento, un control descendente sobre sus constituyentes que, en conse-

cuencia, se hallan en adelante gobernados por nuevas leyes científicas*.

Lo que viene a decir Sperry es que la observación de la realidad del mundo de las partículas (subatómicas) pone de relieve movimientos y comportamientos que no parecen poder ser sometidos a las mismas «normas» observadas en el mundo de las masas materiales mayores, resultantes de las combinaciones que se producen a niveles inferiores. Podemos calcular las fechas en que se han producido y se espera que se produzcan eclipses de Luna, pero no podemos saber a qué nivel se encuentra un electrón en torno al núcleo del átomo moviéndose a una velocidad determinada. Al integrarse diversas partículas para dar lugar a una entidad más compleja, ésta se comporta de forma propia y no como lo hacían algunos o la mayoría de sus componentes. Las «leyes» que nosotros hemos podido deducir e inducir a través de nuestros sentidos físicos durante siglos de observación ponen de relieve lo que ocurre aparentemente en el macrocosmos o en la parte de él que nos es accesible (nuestro Universo). La profundización de la investigación a niveles microcósmicos ha hecho tomar conciencia a los científicos de que la «normativa» deducida del estudio de las grandes masas no rige para las partículas elementales. ¿Y ahora qué? Resultaba tan cómodo poder definir lo «normal» y lo «anormal», lo «sensato» y lo «insensato», sin movernos de un mismo plano de conciencia...

La dinámica de una unidad superior obliga a sus componentes a servirla y seguirla. Refiriéndose al cerebro humano como resultante de fuerzas atómicas, moleculares y celulares, sigue diciendo Sperry que «las fuerzas y las leyes más simples... aunque todavía presentes y opera-

---

* R. W. Sperry: «Estructura y significado de la revolución de la conciencia», *Tercer Milenio*, núm. 10.

tivas, han sido suplantadas por las fuerzas configuracionales de los mecanismos de nivel superior. En la cima cerebral, éstos incluyen los poderes de percepción, de cognición, de razonamiento, de juicio y otros, cuyos efectos y fuerzas causales y operacionales son más potentes o equivalentes en la dinámica del cerebro de lo que lo son las fuerzas químicas internas superadas».

Este debate entre macrodeterministas y microdeterministas me parece que reproduce el inconcluso entre los «defensores» de la «ciencia» y los de la «religión» como fuentes contrapuestas del conocimiento. La postura de quienes niegan la existencia de cualquier principio metafísico o, si se quiere, de cualquier estructura de naturaleza distinta a la deducible racionalmente partiendo del conocimiento al que se llega a través de las percepciones de que somos capaces, usando nuestros sentidos físicos en condiciones óptimas, sería equivalente a la de los microdeterministas, que consideran que los elementos integrados evolutivamente en una macroestructura determinan y fijan la naturaleza de ésta, que no es sino una «resultante». Pero es que, siguiendo esa única vía ascendente admitida, podría llegarse a predecir, en un espacio-tiempo infinito en el que todas las combinaciones fueran posibles, la aparición de una entidad «superior», de características propias, como resultado de la suma de las energías integradas que, siguiendo el criterio «macrodeterminista», obligaría o regiría finalmente el comportamiento de sus elementos componentes en sentido descendente. La interacción, en cualquier caso, aparece como denominador común admitido por ambas concepciones.

Si, por un momento, adjudicásemos la etiqueta de «macrodeterminismo» (*sui géneris*) a la teoría «religiosa» convencional en Occidente, podríamos apuntar que ésta parte de una Realidad completa, que lo encierra todo, y de la que «desciende» o deriva su «creación». Esa entidad superior no sería «resultante» de la dinámica de entidades subestructurales en evolución, ya que la idea del Dios «revelado» a la que han llegado esas formulaciones religiosas no admite este concepto. Pero si especulamos en «busca» de la posible definición de un Principio metafísico prescindiendo de dogmatismos concretos, resultará que los macrodeterministas como Sperry están llegando al umbral de las experiencias que nos transmite la Gran Tradición al describir ese Principio como el Todo, más allá de los parámetros espacio-temporales válidos tan sólo en el universo en el que nos hallamos. Ese Todo encierra la totalidad de nuestro espacio-tiempo, así como toda la energía e inteligencia existentes. Es irrelevante realizar el análisis en sentido «ascendente» (microdeterminismo) o «descendente» (macrodeterminismo) en la gran Rueda universal. Nuestra «religión» será el sentimiento profundo de vinculación con la Realidad, dando al término su auténtico valor etimológico. Ese mismo sentimiento es la «revelación» inscrita en la Naturaleza de la que formamos parte. «Id quod est humanitatis tuae» (lo que tu condición humana exige de ti), decía Cicerón.

El acceso a la comprensión o a la «visión íntima» de esa verdad es independiente de las «revelaciones» específicas propuestas (hay que pensar que de buena fe), en diversos momentos históricos y en función de también diversos condicionamientos sociales, por los expositores de teogonías.

En la confección de organigramas dogmáticos puede, tal vez, vislumbrarse una «oferta» de muletas de valor circunstancial que en modo alguno sirve a todos ni sustituye a la terapia exigida por la naturaleza profunda del Hombre prometeico.

He aquí por qué yo. O mejor, he aquí por qué yo también. La Masonería representa la «búsqueda» colegiada de la Verdad a partir del «trabajo». Nuestro trabajo individual ha de ser vocacional para poder ser ofrecido, en sus resultados, fraternalmente. Ha de representar un esfuerzo constructivo en «respuesta» a las percepciones íntimamente analizadas y sentidas, con el espíritu lúdico del atleta. Partimos de un concepto «noble» del trabajo, acentuando su dimensión espiritual y viendo en él una forma de comunión con la realidad de la Naturaleza percibida. Por eso lo llamamos Arte Real.

En la labor transformadora implícita en todo trabajo realizado conscientemente vamos descubriendo la gama de secuencias que estructuran la «materia» que estemos tratando. A través de las analogías comprobadas se llega a las «presumidas», que también han de poder ser comprobadas y que no han de constituir, de momento, sino hipótesis de trabajo. Esas hipótesis de trabajo representan «saltos», determinados en nuestra mente por conexiones que llamamos intuitivas, por elevarnos del simple plano «racional» (inductivo-deductivo) a otro más sutil en el que las secuencias se producen de forma distinta. Nos hallaríamos, por así decirlo, en otro plano de conciencia, de igual manera que se halla fuera de la influencia gravitatoria un móvil físico que sale del radio de acción de esta fuerza terrestre, sin que esto constituya milagro alguno. Que nos movamos en el campo de lo «sutil» no conlleva ni la necesidad ni la posibilidad de «dogmatizar» sobre la experiencia, sin más, sino que habrá que tratar de «traducirla» o «exoterizarla» en términos racionales, llevando éstos a su formulación extrema para demostrarnos a nosotros mismos, en primer lugar, si realmente hemos agotado esa primera vía de análisis. Lo místico, en Masonería, es penetrar en los «misterios», es decir, descubrir lo que hay detrás de lo aparente para «aprenderlo».

La Francmasonería, en sus tres grados básicos o simbólicos, sigue una metodología basada en el desarrollo del trabajo de un «oficio». Con objeto de generalizar la validez del «método» ha dado valores «especulativos» o «simbólicos» a los elementos e instrumentos que utilizaron concretamente los constructores de templos por haber constituido éstos cofradías que comprendieron la importancia de la armonía como síntoma del equilibrio en la correlación de fuerzas concurrentes o «configurantes», como diría Sperry. La adecuación de cantidades y medidas productoras de armonía «natural» requería un trabajo organizado y distribuido «en comunión» disciplinada. Esa comunión en la «búsqueda» requería una preparación o «iniciación» que expusiera, por etapas, las diferentes secuencias del trabajo y las metas perseguidas.

Puesto que el «oficio» perseguía la configuración de «formas» armónicas utilizando materiales y terrenos concretos, la iniciación masónica no podía ir más allá del estudio y «descubrimiento» de los llamados «misterios menores» o pequeños misterios, explicando las leyes de la Naturaleza como manifestaciones del mundo físico. La geometría euclidiana resumía en símbolos espacio-temporales las formas y sus valores numéricos.

Pero hagamos alto aquí, porque el despliegue de estos conceptos constituye propiamente el contenido de este modesto libro informativo. El frecuente entrecomillado de términos tiene la intención de atraer la atención del lector hacia la especificidad semántica de los mismos; es decir, hacia su valor simbólico adicional.

Vemos, pues, que el trabajo de «oficio» puede llevar a una concienciación de sus ritmos y cadencias, a una trascendencia mediante la reiteración no simplemente mecánica de gestos y actos, hasta llegar a convertirlos en «sintomáticos» y, después, en «simbólicos» o portadores de un significado que llamamos «esotérico» por hallarse tras lo aparente. Cualquier oficio puede dar origen al desarrollo de un simbolismo y una liturgia de la que son «oficiantes» quienes así trabajan.

Los críticos de la Masonería deberían tratar de comprender, en primer lugar, de qué va el tema. Sobre todo cuando ingenua y machaconamente pretenden poder revelar sus «secretos». Casi todos los malos autores de obritas «sobre» Masonería utilizan el mismo *gag* sensacionalista. Incluso los editores cambian los títulos originales de obras escritas en serio por personas competentes para poder incluir lo del «secreto» en las traducciones que publican.

Dice Borges que el símbolo es otra forma de la memoria, y confirma Olives Puig que «el legado arqueológico y cultural de todos los pueblos antiguos y tradicionales sólo puede apreciarse recibiendo su lenguaje simbólico, más allá de las peculiaridades de modas, estilos e influencias que la expresión de aquél pueda presentar en cada lugar y cada época»*.

Todas las culturas, añade, en fin, Lévi-Strauss, pueden considerarse como conjuntos de sistemas simbólicos, tanto en sus manifestaciones lingüísticas, como en su arte, su religión o su ciencia...

¿Tiene todo esto algún valor para el hombre occidental del siglo XX? Mi respuesta es claramente afirmativa.

La metodología simbolista masónica ni es únicamente occidental, ni parte de condicionamientos culturales propios de éste o aquel siglo, aunque sus expresiones sociales se sincreticen en fórmulas «ritualizadas» en momentos y lugares concretos y puedan también ser estudiadas en ese aspecto. El simbolismo está y estará siempre profundamente enraizado en la naturaleza humana. El ideal de convivencia fraterna también. Tales son los dos polos de la inquietud masónica, oscilante en el tenue límite existente entre «ciencia» y «conciencia», sin dogmática, pero con dialéctica.

Sorprende que en un país como el nuestro exista aún el desconocimiento teórico que aquí se da respecto al contenido real del pensamiento masónico. No me refiero al hombre de la calle, que se limita habitualmente a recibir información *prêt-à-porter,* sino a la inexistencia de investigadores objetivos, capaces de documentarse acu-

---

* *Diccionario de los Símbolos*, de J. Chevalier y A. Gheerbrandt. Prólogo. Editorial Herder.

diendo a las abundantes fuentes con espíritu «universitario», tan sólo. Las publicaciones realizadas en España hasta ahora son, o bien pésimas traducciones (en su mayor parte), que suelen ser propuestas al lector en las secciones de «ocultismo» de algunas librerías, o son simplemente crónicas de acontecimientos históricos vistos desde fuera y con buena dosis de animosidad sensacionalista, que en ningún momento intentan «explicar» la Masonería. El padre Ferrer Benimeli es, desde luego, una de las escasas excepciones, como cronista honrado, sin aventurarse tampoco más allá de lo prudente en el sentido que apunto. Sin embargo, la bibliografía producida por masones en francés, inglés, alemán o italiano es abundantísima, y cualquiera que honestamente se proponga escribir sobre Masonería tiene la obligación moral de acudir a las fuentes y no desvirtuarlas.

Modesta pero noblemente, ofrezco en las páginas que siguen algunos apuntes sobre el tema. Quisiera poder desarrollar en el futuro varios de los aspectos condensados en ellos, pero me agradaría, sobre todo, que cuantos quieran abordar materia tan apasionante lo hicieran viviendo realmente la clásica frase terenciana: Soy hombre y nada humano me es ajeno*.

---

* Paradójicamente, también hace uso de esta frase don Ricardo de la Cierva en el libro que sobre la Masonería y sus «tres secretos» ha publicado recientemente. Según afirma, le motiva el deseo de cumplir un mandato del papa León XIII, y parece haber «descubierto», a estas alturas, que el pensamiento masónico tiene una clara impronta gnóstica, a pesar de lo que lleva escrito sobre Masonería. Enhorabuena. Esperemos que en una posible segunda edición corrija algunos errores manifiestos contenidos en el libro, no ya de carácter meramente histórico (en relación con el Rito Escocés, es evidente que los interesados harán mejor leyendo a Paul Naudon), sino conceptual. Confiamos también en que decida dedicar parte de su extraordinaria capacidad de estudio al pensamiento masónico (como hizo su querido abuelo, don Juan de la Cierva, mi hermano masón).

II. *Definición*

COEXISTEN dos formas arquetípicas de desinformación respecto a la naturaleza de la Orden Francmasónica. En un primer plano figura, en el archivo mental de quienes realmente nunca se han interesado por el tema, el dato de que se trata de una «secta», practicante de extraños ritos, que agrupa, secreta y paradójicamente, a personas de cierto relieve social o intelectual en busca de objetivos socioeconómicos específicos. En un segundo grupo se sitúan quienes creen que la Masonería es una Fraternidad de «librepensadores», racionalistas y agnósticos, más bien caduca, pero tolerable como «curiosa» supervivencia histórica, aunque no deba descartarse respecto a ella cierta cautela, por cuanto los fines de tan exótica asociación les parecen «secretos».

Ambos prejuicios corresponden a deformaciones de cada uno de los dos aspectos fundamentales integrados en el ideario de la Masonería Universal, deliberadamente difundidos en momentos históricos distintos y entrelazados en una imagen final harto confusa.

Como Fraternidad iniciática, asume la Orden inquietudes que en el mundo profano se desea que correspondan, simplistamente, a la esfera política o a la religiosa, separando aspectos que aparecen claramente integrados en el concepto masónico de Humanidad. Las anatematizaciones procedentes del campo religioso católico en el siglo XVIII, a las que nos referiremos más adelante, están en el origen de la difusión del tópico «sectario». Para ello se partía de la supuesta solidez de una satrapía espiritual, históricamente instalada, que pretendía proteger el monopolio de lo «místico» como marca registrada, rechazando cualquier formulación emergente de la propia naturaleza del Hombre, por considerar a ésta corrupta en origen. Espiritualidad y religiosidad positiva debían encuadrarse bajo una sigla concreta e indiscutida. En este aspecto ha sido poca, lamentablemente, la trascendencia del «aperturismo» observado en España durante los últimos lustros, donde, por otra parte, la postergación de una Masonería prácticamente aniquilada por la más tenaz y prolongada de las persecuciones conocidas en Europa, unida a la increíble pero cierta insolvencia masónica de aquellos que parecieron dispuestos a reemprender el camino a partir de 1979, no ha dado oportunidad a nuestra sociedad para rectificaciones de imagen.

Después, durante el siglo XIX, las turbulencias de las sociedades europeas en metamorfosis civil, cultural y ética, no podían ser consideradas como meramente marginales por los masones, que sentían la Fraternidad de todos los hombres como puente indispensable de la evolución individual, en la que creían firmemente. El «librepensamiento» aparecía como la expresión de una ruptura con los dogmatismos entorpecedores. La dificultad de impartir la enseñanza iniciática con la profundidad suficiente y la «mano abierta» practicada por algunas Obediencias en la admisión de candidatos, por razones no siempre masónicamente presentables, dieron a algunos estamentos políticos (recordemos que los Estados Pontificios constituían uno de esos activos estamentos) la base deseada para reactualizar los anatemas, subrayando el «secretismo» ritual como cobertura de afanes conspiratorios. Se perdía, en la agitada maraña social, el mensaje de la muy peculiar cultura de los «constructores».

De los factores que condicionan la evolución del Hombre, que es, recordemos, «animal social», hay tres que son esenciales: el deseo de aprender, el de compartir y el de progresar. El Conocimiento al que aspira la Masonería pasa necesariamente por el aprendizaje y clasificación de las percepciones que los sentidos suministran a la razón, en el mundo físico del que formamos parte. Pero no se detiene ahí. La microestructura humana es un reflejo de la macroestructura cósmica, y la meta de nuestra inquietud está más allá de lo meramente intelectual, puesto que lo que buscamos es la Gnosis que trasciende el mundo de las apariencias. Nuestra filantropía halla su fundamento en el profundo respeto de la individualidad de cada hombre, reconocido como compañero en el gran viaje evolutivo que es la aventura humana y que necesita de un cuerpo social justo en el que desarrollarse. Por eso, el progresismo masónico desea conciliar avance y tradición.

Lo que caracteriza de modo más concreto a la Masonería no es sólo la definición de esas metas, sino la proposición simultánea de una metodología que recoge conocimientos tradicionales, de valor permanente, aplicables al análisis de la intimidad humana en su estadio actual. La enseñanza transmitida por la Orden es que Conocimiento, Fraternidad y Evolución se pueden alcanzar mediante una «iniciación» que desprograme gradualmente al iniciando de aquellos condicionamientos racionales que polarizan su conciencia dogmáticamente, estancándolo en un maniqueísmo binario que desconoce la complementariedad de los conceptos aparentemente opuestos y desprecia la interacción universal. Esto es lo que se persigue utilizando una metodología que llamamos «simbolista».

Partiendo de esas premisas, la única definición que parece suficientemente comprehensiva es la formulada en la reunión de Grandes Maestros, celebrada en Estrasburgo en 1952, subrayando que la Francmasonería «es una Institución para la Iniciación espiritual por medio de símbolos»*.

---

* J. Corneloup: *Je ne sais qu'éppeler.* (Introducción de F. Viaud). Edit. du Borrego. París.

III. A grandes rasgos

DESBORDARÍA la intención de estos apuntes intentar resumir las circunstancias históricas en que, durante los siglos XVI y XVII, se agitaba el nuevo movimiento científico europeo, aún estrechamente vinculado a la especulación filosófica tradicional de un cristianismo mimetizante.

Recordemos tan sólo que la naciente Astronomía aparecía como retoño de la ancestral Astrología, que la Matemática rebrotaba de entre la flora cabalística y que la Filosofía reivindicaba su vitalidad impregnada del perfume de una Teología omnipresente. Aún erraba Galileo...

En el hervidero de inquietudes en que se produjo la aparición de la nueva Francmasonería, que era por sí misma una Aventura del Espíritu, surgieron «aventureros» de los más variopintos perfiles. El siglo XVIII fue una magnífica criba de turbulencias en el camino hacia nuevas metas. Por él deambularon, en torno a la Masonería y aun dentro de ella, personajes inusitados. La apariencia de alineamiento con la tradición masónica era buscada por muchos que deseaban presentar su «producto» filosófico o científico con el marchamo de los nuevos tiempos.

Hubo «espontáneos» que crearon supuestos ritos masónicos con el deliberado propósito de embaucar a embaucables de similar estirpe mediante pretendidas «iniciaciones» arropadas en extravagantes títulos. Con ello se trataba de satisfacer la codicia de honores de la acomodada burguesía emergente.

Aparecieron por doquier, en aquel Siglo de las Luces, detentadores de grandes «secretos» trascendentales, antiguos misterios redescubiertos por personajes ilustres, como el conde de Saint Germain; militares iluminados, como el barón von Hund; universitarios clarividentes como el profesor Wheishaupt, de Ingolstadt, o como el doctor Messmer, creador del Rito de la Armonía Universal...

Sociedades secretas de ocultistas, de magos, de conspiradores, de erotómanos, de gastrónomos o de simples *bon vivants*. Todos pretendían estar vinculados, aunque sólo fuera por la estructura aparente que adoptaban sus fraternidades, con alguna tradición paramasónica.

Y no se quedaron atrás ni siquiera los jesuitas, tan interesados siempre en recuperar para la Iglesia una Masonería católica (advocación bajo la que antaño había estado acogida la Masonería operativa de constructores). Se lo «exigió» la defensa de los intereses de Roma a lo largo de su odisea estuardista en Inglaterra, Escocia y Francia. Su proverbial tenacidad y su nada desdeñable imaginación, tan hermanas, por qué negarlo, de la tenacidad e imaginación masónicas, les llevaron a alentar la aparición de varios de los llamados «grados caballerescos» específicamente ligados al escocismo estuardista y a la Orden de San Andrés de Escocia. Los ritos crísticos «templarios» llevan, para muchos investigadores especializados, la marca indeleble de los «compañeros de Jesús»*. Recordemos, en fin, las actividades del famoso

---

* En relación con este aspecto de la actividad de los jesuitas durante el siglo XVIII, comenta el maestro Paul Naudon (*Histoire, rituels et tuileur des hauts grades maçonniques*, Edit Dervy, pág. 38) lo siguiente: «Insuficiente resulta, por las mismas razones, la tesis a menudo repetida que atribuye la creación de los altos grados masónicos a los jesuitas, quienes fueron primeramente instrumento al servicio

Caballero Ramsey, preceptor de los hijos del pretendiente Estuardo refugiado en Roma, a la cabeza de los primeros escarceos masónico-escocistas en Francia durante los primeros lustros del siglo XVIII.

Es verdad que, durante todo aquel siglo, la propia Masonería fue un vivero de tanteos espirituales al que intentaron adherirse especuladores intelectuales de diversos niveles. El movimiento masónico era, en sí mismo, uno de los últimos aldabonazos de la Tradición occidental clásica en el umbral de la nueva andadura que estaba emprendiendo Europa por la senda de un positivismo racionalista y pragmático que iba a caracterizar su desarrollo durante los siglos XIX y XX. Era necesario que en el mismo crisol masónico apareciesen juntos componentes correspondientes a ambas concepciones bajo un denominador común de fraternidad que modera, tanto las euforias centrífugas de un «progresismo» desvinculante de los principios trascendentes en los que la Orden ancla su esencia, como los posibles devaneos seudoespirituales a los que puede conducir la ausencia de «escuadra» y «compás» en las rutas del Conocimiento.

En esa dualidad radica la ambivalencia de la personalidad y del quehacer social de los masones y es, también, causa de la incompresión y confusión de muchos profanos al intentar enjuiciar nuestra historia y nuestros actos puntuales sin considerar la dimensión iniciática que debe alentarlos.

---

de los Estuardo y actuaron luego, sobre todo tras su expulsión de Francia, en 1762, y la supresión de la Orden por el papa Clemente XIV en 1773, por cuenta propia «ad Maiorem Dei Gloriam». Nada más cierto que el que los Estuardo y los jesuitas, que fueron su mejor apoyo, hayan utilizado las logias masónicas escocesas, cuyo respeto por la tradición servía a su causa y al catolicismo y que los altos grados hayan favorecido esta acción. Es también probable que los grados originados en Alemania a partir de 1761-1762 pudieran servir como medio de infiltración a los jesuitas apoyados por Federico II, en guerra contra Francia. Pero, aun así, la política... no explica en absoluto el innegable e importante contenido iniciático de los grados superiores.»

La inquietud masónica del siglo XVIII, traducida individualmente al mundo profano por miembros ilustres de la Fraternidad, según su propio entendimiento y nunca como «consigna» puntualmente dictada, en contra de lo que a menudo han querido subrayar interesadamente algunos, fue importante en ciertos aspectos de la evolución social, pero en ningún modo determinante. Por ello nos parece poco honrada la argumentación contraria de muchos ajenos y nada inteligente cualquier triunfalismo propio.

Hemos dicho que la Masonería naciente fue vivero de tanteos, y lo fue por cuanto nacía como heredera de una Masonería operativa caduca, en la que las posibilidades de especulación filosófica se habían extinguido hacía tiempo, incluso por lo que respecta al marco de la geometría euclidiana que la había alentado. No quedaba un *corpus* escrito de referencia, puesto que los sencillos rituales iniciáticos de los masones constructores de templos se habían transmitido oralmente, y los escasos manuscritos supérstites se referían más bien a la reglamentación de cofradías masónico-artesanales, sin desentrañar el remoto espíritu que inspirara en profundidad las tareas de aquellos imitadores de la Naturaleza...

La Masonería operativa había estado integrada por cofradías autónomas de Hermanos trabajadores que se proponían comprender más allá de lo que el simple trabajo mecánico parece poner de relieve. Cada una de sus obras era, o se proponían que fuese, una creación a la que aplicaban cuerpo y espíritu: una obra de arte sintonizada con la naturaleza «real», percibida con los sentidos y ampliada mediante la intuición. Construían los templos según las normas ancestrales del Arte Real, que requería una iniciación determinada.

Aquellos obreros, así concienciados, se organizaban en dos grados: aprendices y compañeros. Para acceder a las cofradías era preciso someterse a un examen, y los compañeros asumían la enseñanza iniciadora posterior de los aprendices admitidos en los secretos* de la profesión, que incluía conocimientos de Geometría y de comunión con la Naturaleza en el más amplio sentido del concepto. La Geometría, que encarnaba la Ciencia, era la puerta de aproximación a la realidad última del Universo.

Para llevar a cabo un trabajo de construcción, siguiendo los métodos geométricos y geománticos heredados de las antiguas cofradías de constructores sagrados paganos y, de forma directa, ya en la alta Edad Media, de los Constructores de Como, el compañero que recibía el encargo convocaba a hermanos masones que podían residir en lugares distantes y a los que conocía personalmente o de los que tenía buenas referencias. El grado de conocimiento y preparación de cada uno de los hermanos reunidos se reconocía mediante contraseñas determinadas que ponían de relieve la pericia alcanzada y el tipo de trabajo en que, consecuentemente, podían participar. Un cierto toque, una manera de andar o un gesto, daban a entender simbólicamente al examinador (retejador) el nivel de conocimiento del masón, quien, en grado de Aprendiz, debía conocer el uso de la escuadra y los aspectos fundamentales del triángulo aplicados al Arte Real, entre otras nociones básicas.

Los hermanos así reunidos preparaban su taller o logia en el recinto en que iban a realizarse los trabajos o en sus aledaños, consagrando el lugar a esas tareas específicas. Las discusiones que allí habrían de desarrollarse tendrían un cierto talante, basado en una forma común de entender la Naturaleza y la Vida, sus cauces y sus proporciones. Difícilmente podrían participar en ellas quienes no tuvieran la preparación «iniciática» adecuada. La logia era presidida por el hermano convocante, que, gremialmente, era considerado «maestro» del «taller».

---

* «Secretos de la profesión» o «menesteres».

La organización de las logias era democrática, previa aceptación de una disciplina común con prestación de juramento, situándose el Saber y la Lealtad fraternal como únicos parámetros del nivel al que todos podían y debían aspirar.

Notoria fue la Gran Logia Madre de Estrasburgo, como lo fue, la de Zurich. De ambas salieron compañeros masones requeridos para construir las catedrales de París, Colonia, Milán, York y Santiago, entre otras.

Por supuesto, no se trata de describir una organización idílica, compuesta por ángeles ni por místicos heroicos, sino de subrayar el esquema sobre el que más tarde habría de apoyarse, ampliando horizontes, la Masonería especulativa moderna. Los masones operativos fueron graciosamente redimidos del pago de numerosas gabelas y tributos exigidos por señores feudales civiles y eclesiásticos, en reconocimiento de su capacidad específica como artesanos-artistas no limitados al tosco trabajo de la construcción elemental, sino capaces de «trabajar la piedra» libremente. Por ello recibían el nombre de «francmasones». Esta posición y el buen nivel de las recompensas recibidas de quienes solían encargarles la realización de obras eran apetecidos por muchos cuya iniciación podía dejar que desear si, por circunstancias concretas de conveniencia para alguna de las logias o talleres, se les admitía como «hermanos» sin considerar más que sus cualidades «objetivas» o técnicas, descuidando la importancia de sus atributos morales y anímicos.

Aquellas logias operativas, llamadas logias de «San Juan» por el valor simbólico que la Masonería medieval atribuía a dos festividades cristianas coincidentes con los solsticios de verano e invierno, practicaban un rito que incluía dos grados iniciáticos profesionales. La ritualización era un método de aprendizaje que contribuía a fijar los valores simbólicos contenidos en las enseñanzas. Teniendo en cuenta la capacidad simbolizante de cualquier objeto, sensible o abstracto, los masones medievales habían adaptado a temas predominantes en su medio ambiente cultural los principios analógicos del modo de reflexión que habían recibido, aunque no todos fueran conscientes de ello, de las antiguas escuelas pitagórico-platónicas que, por otra parte, también habían impregnado al cristianismo en la medida en que el gnosticismo cristiano había asimilado algunas de sus formulaciones*.

La revisión del catolicismo que supuso la Reforma protestante, triunfante en países en los que la Masonería operativa había tenido sus feudos más relevantes, supuso la gradual desaparición de los encargos de obras. También las nuevas tendencias renacentistas sorprendieron las técnicas económicamente onerosas de los constructores del Arte Real.

Desde hacía mucho tiempo habían venido participando en los debates de las logias masónicas personas ajenas a la construcción en sí misma, pero que eran aceptadas, bien por sus conocimientos en «artes liberales»,

---

* Procedente del moribundo imperio bizantino se produjo, durante los siglos XIV y XV, un importante flujo de personajes y obras hacia Occidente. Tal vez la visita de Juan Paleólogo a Florencia, en el primer tercio del siglo XV, acompañado por un importante séquito de filósofos y teólogos griegos, buscando ayuda militar y financiera para retrasar la caída de Bizancio mediante una inevitable sumisión a Roma, debiera ser tomado como hito relevante en la secuencia de acontecimientos que iban a tener trascendencia en la consolidación del proceso renacentista de aquel siglo. Independientemente de las discusiones conciliares (que llevaron a una tan meramente formal como efímera «reconciliación»), una de las secuelas efectivas fue la formación de la Academia platónica, patrocinada por Cosme de Médicis, desde la que se tradujeron al latín obras que sintetizaban el pensamiento de los autores griegos del periodo helenístico. En su seno vertió Marsilio Ficino a la lengua común culta de Occidente sus dieciocho volúmenes de la *Hermética*. La Academia misma representó, por su estructura y su talante filosófico, un prototipo de lo que más de dos siglos y medio después se intentaría que fueran las logias masónicas reformadas o «especulativas».

Los textos de la *Hermética* traducidos eran sólo parte del conjunto de obras, producidas entre el siglo II a. C. y mediados del I d. C., que ponían de relieve una línea de pensamiento neo-gnóstico no conservada bien por la protección que dispensaban a los talleres operativos. Los hermanos «aceptados» durante los siglos XVI y XVII aumentaron en número considerablemente. Eran, en algunos casos, disidentes del «sistema establecido» que apuntaban como espíritus críticos cualificados en el torbellino crucial por el que pasaba la cultura europea en aquellos tiempos. Astrólogo-astrónomos, médico-alquimistas, matemático-cabalistas, cristiano-teósofos... rosacruces.

La utilización de la infraestructura privilegiada de los masones operativos por los «aceptados» permitiría a éstos inyectar nueva savia en la sociedad de su tiempo si se efectuaban las modificaciones adecuadas. Había que reforzar el contenido de los rituales decadentes consumando el valor simbólico de los utensilios de trabajo tradicionales a fin de que pudieran ser psicológicamente utilizables por hombres que no fueran profesionales de la construcción. Dar valor simbólico más amplio a escua-

---

en el mundo latino, aunque su recepción indirecta hubiera tenido lugar a través de versiones reflejadas por la cultura islámica y, en su aspecto experimental o dinámico, por los alquimistas medievales, sobre todo a partir de las Cruzadas y con el apoyo significativo de la Orden del Templo.

La *Hermética* representa un intento de sincretización religioso-filosófica muy loable, partiendo de la convicción gnóstica de que la Verdad no es exclusiva de ninguna doctrina. El pensamiento analógico que propone no plantea opciones excluyentes, sino que busca siempre los aspectos complementarios de la realidad, considerando sólo aparentes las contradicciones encontradas, ya que los elementos en contradicción no son sino aspectos diferentes de una misma cosa. Tesis y antítesis son, *a priori*, elementos interesantes de la síntesis. Esta síntesis tiene que aportar una nueva idea integradora y no ser mera consecuencia «racional» de lo ya presumido en las «premisas» del silogismo. La formulación hermética invita a un «salto» del pensamiento mediante el desarrollo de la vía intuitiva, que puede y debe ser estimulada por cada hombre con el entrenamiento de la mente en la comparación analógica. Esto es exactamente lo que en Masonería se propone con una metodología «simbolista» y lo que se expresa mediante el análisis de símbolos o conceptos en «terna», o grupos de tres. Tan sólo un «tercer» concepto, surgente como integrador de otros dos en aparente dra, compás y plomada permitiría diversificar conceptos analógicos.

La necesidad de completar a nivel más elevado el simbolismo básico estudiado en las logias operativas en transformación llevaría a la creación de un tercer grado iniciático institucionalizado: el de Maestro Masón. Ciertamente no sin resistencia por parte de los compañeros tradicionales, que en algunos lugares, y de manera especial en Francia, decidieron continuar como operativos constituyendo el «Compagnonnage» que posteriormente inspiró las primeras inquietudes sindicalistas del siglo XIX.

Los antecedentes bosquejados nos permiten aproximarnos mejor, aunque también sucintamente, al análisis del fenómeno reestructurador representado por la nueva Masonería, que distinguimos de la medieval denominándola «especulativa».

La progresiva decadencia de las logias operativas, por las razones apuntadas, colocaba a los masones llamados

---

oposición, puede ser considerado como «sintetizador». Así, del concepto «hombre», como aparentemente opuesto al de «mujer», surge el de «ser humano» como integrador en terna o tríada válida. Obsérvese que el silogismo lógico tradicional establece meramente que si «Sócrates es hombre y todos los hombres son mortales, Sócrates es mortal». La idea de mortalidad no es «consecuencia» de las dos premisas establecidas, puesto que se hallaba ya en la segunda de ellas, con lo que la síntesis no aporta nada nuevo. Habría que establecer cadenas extensas de conceptos intermedios para llegar a nuevas aportaciones conceptuales.

Para el pensamiento hermético toda reflexión debe tratar de unir lo que aparece «separado», porque lo que está arriba es como lo que está abajo, según la regla de oro alquímica. La capacidad de «discernimiento» íntimo es intransferible, a diferencia de lo que ocurre con la formulación de las secuencias primarias «racionales», que son efecto de percepciones llegadas a través de los sentidos y «codificables» en términos lógicos para casi todos. Nótese que «se-cretum» proviene del participio latino de «cernere», en español cerner o cernir; de donde lo «secreto» es lo «discernido» intransferiblemente por un sujeto La identificación de «hermetismo» con «secretismo» es comprensible desde este punto de vista, y sólo de esta manera debería ser contemplado también el secreto ritual masónico.

«aceptados» ante la posible desaparición de una institución excepcionalmente «liberal», en cuyo seno era posible debatir temas científicos que inevitablemente rozaban, cuando no chocaban, con tabúes teológicos dogmáticamente establecidos en la sociedad profana. El talante de las logias y su tradicional «franquicia» colocaba la especulación científica fuera del alcance de peligrosos censores.

Ls siglos XVI y XVII señalan el comienzo de la transmutación de la civilización tradicional europea en lo que ha venido a ser «civilización occidental». La investigación científica medieval no se había desprendido del concepto de unidad universal. Lo metafísico alentaba el mundo sensible, que era analizado como manifestación de una realidad invisible a la que se trataba de llegar a través del análisis de los fenómenos. No puede olvidarse este esquema cuando se habla de especulación científica tradicional oponiéndolo al concepto «moderno» de Ciencia, que prescinde de cualquier referencia trascendente. La creación de la Royal Society británica marcó el claroscuro límite entre las dos eras que entonces se superponían, puesto que en su seno se agruparon personalidades de los dos signos.

Es Elias Ashmole, uno de los miembros de aquella Academia, quien consta más notoriamente como patrocinador del embrionario movimiento de renovación masónica que había de cristalizar, medio siglo después, en la creación de la Gran Logia de Londres. Ashmole plasmó en el mito zodiacal de Osiris toda la especulación sobre los conceptos de vida, muerte y resurrección que constituían el núcleo de la inquietud investigadora alquimista. Mediante la ritualización del mito intentó señalar a los masones de su logia de Warrington (operativos y «aceptados») que la consideración profunda de las leyes naturales a la que había aspirado la Masonería tradicional llevaba necesariamente al estudio del Ser y a la investigación de las interacciones dentro del Todo cósmico.

La raíz del pensamiento masónico se apoya en las mismas categorías panteístas que Spinoza y los maestros rosacruces estaban poniendo de relieve durante aquel periodo.

La institucionalización de la Masonería especulativa moderna se inicia con la fundación de la Gran Logia de Londres, en 1717 (ampliada, pronto, como Gran Logia de Inglaterra). En 1723 aparece la primera edición de su *Libro de las Constituciones* (llamadas de Anderson por ser James Anderson quien dirigió la composición), como resultado de una selección de los textos masónicos operativos conservados (siglos XIII a XVII), a la que se da forma proyectando la universalización de los símbolos gremiales.

La segunda edición del *Libro* (aparecida en 1738) tiene especial interés en varios aspectos. Uno de ellos es el de la consolidación del grado de Maestro como iniciático, junto a los de Aprendiz y Compañero. El ritual del nuevo grado incorpora el mito solar, evocador de muerte y renacimiento místicos, sustituyendo el símbolo de Osiris, que había propuesto Ashmole años atrás, por el del Maestro Hiram, débilmente mencionado como fundidor y maestro de obras del Templo de Salomón en dos pasajes bíblicos (2 Crónicas 2-10, y 1 Reyes, 7-13), con el propósito de adecuar el símbolo al medio cultural en el que se estaba llevando a cabo la reforma.

En aquel mismo año se produjo el primer anatema de la Iglesia católica contra la Masonería, poniendo fin a la larga convivencia mantenida durante siglos con los operativos. La bula «In eminenti», de Clemente XII, no parece fundamentar su motivación en razones teológicas de fondo, limitándose a señalar que «...estas sociedades o conventículos han soliviantado los ánimos de todos los verdaderos creyentes, despertando sentimientos de sospecha y recelo...», y añade ingenuamente que «si sus principios fuesen puros, no buscarían con tanto cuidado la sombra y el misterio». La excomunión fulminante no podría ser levantada «ni aun en caso de muerte, ni por nos ni por ninguno de los papas que ocupen la silla de Pedro»*.

Dejando de lado cualquier comentario sobre este «diktat» de Clemente XII a sus sucesores, lo cierto es que, en mi opinión, son apreciables razones teológicas de fondo desde un punto de vista cristiano, aunque no para el simbolismo masónico. La especulación filosófica masónica parte de un concepto del Hombre que requiere la búsqueda del «yo» íntimo (simbolizado por la «piedra bruta») que el iniciando debe decantar con su propio esfuerzo, encontrando su camino evolutivo. Responde esta concepción a la idea platónica del Hombre como arquetipo emanado del Uno al que ha de retornar cada individuo a través de un proceso que parte del conocimiento de sí mismo y que puede llevarle hasta la realidad del Ser.

La fabulosa idea de una «redención», traducida simbólicamente por el cristianismo a partir del muy concreto anhelo de redención político-social que mantenían los judíos, difícilmente encaja en la dialéctica masónica. Lo que sí puede asumirse es la idea «crística» como símbolo de un renacimiento, en cuyo caso el símbolo «Hiram» puede ritualmente ser sustituido por el símbolo «Cristo». Sin embargo, ello supondría, contemplado desde el dogmatismo cristiano, la negación de la aspiración paulina, nada simbólica, del «vivir en Cristo» y «resucitar para reinar con Cristo». En el fondo, algo de esto había en el formidable debate entre jansenistas y jesuitas del siglo XVII, en el que estos últimos defendían el principio de «colaboración» frente al de la pura gratuidad de la redención cristiana. Sospecho que aquella enconada discrepancia fue, de alguna manera, el germen del antijesuitismo que se consumó con la abolición de la Compañía de Jesús decretada por otro inclemente, en este caso Clemente XIV (el Temple lo había sido por Clemente V).

---

* *Diccionario Enciclopédico de la Masonería*, L. Frau y R. Arús, tomo IV, pág. 81. Ed. corregida de L. Almeida, Editorial Valle de México, 1989.

Lo que la Masonería consolida en el siglo XVIII es la inscripción de su especulación filosófica en el marco analogista del hermetismo. El pensamiento hermético considera que existe una interacción entre todos los elementos del Universo y que la metodología del Conocimiento consiste «en reunir lo disperso», estudiando las interacciones. Las analogías representan síntomas o reflejos de la realidad, de la que tan sólo percibimos aspectos a través de los sentidos corporales. La Alquimia es, esencialmente, una aplicación de los postulados herméticos que utiliza la experimentación como vía de aproximación a la realidad, pero considerando que existe asimismo una interacción entre experimentador y objeto analizado. A esta misma conclusión ha llegado en nuestros días la Física de las partículas elementales.

La simbología masónica persigue habituar la mente al trabajo mediante imágenes que provoquen un eco anímico, una «resonancia» espontánea que llamamos intuición. Ese estado de conciencia supera la simple capacidad sensorial física. El desarrollo intuitivo requiere la ejercitación reiterada, como todos hemos podido comprobar en la práctica de nuestras profesiones u oficios. La meticulosidad en que consiste toda disciplina exige la observancia de unos ritmos coordinados, no sólo para ordenar nuestro pensamiento, sino también para recibir y proyectar ideas. De ahí la importancia de la práctica ritualizada de nuestros esfuerzos.

Los reestructuradores de la Masonería adaptaron los rituales a la conformación de tres grados, traspasando temas del Segundo Grado (Compañero Masón) al Primero (Aprendiz Masón) y al Tercero (Maestro Masón), ampliando, además, la temática de este último como colofón de la iniciación simbolista.

Parece evidente que la temática o «arcano» de cada grado debe determinar la forma del trabajo que se realice. Los símbolos propios de cada tema concreto varían y las opciones son múltiples, concretándose en rituales. A mediados del siglo XVIII, algunos nostálgicos pretendieron retornar al antiguo rito masón británico, agrupándose en una segunda Gran Logia de Inglaterra, por lo que sus miembros se dieron el nombre de «los antiguos». Esta disensión en el seno de la Gran logia inglesa podría ser considerada detonante del incremento y posterior desarrollo de las inquietudes ritualistas en la Masonería dieciochesca.

En la segunda parte de aquel siglo se consolidó en Francia el rito de «Perfección», con veinticinco grados iniciáticos. Etienne Morin recibió carta patente para su difusión en las Antillas y, aunque en este aspecto su misión no llegó a buen término, pudo colaborar con hermanos masones norteamericanos en la formación de un rito ampliado que incluía los veinticinco grados del de Perfección más ocho complementarios. Así nació, en Charleston, el Rito Escocés llamado «Antiguo y Aceptado», para cuya difusión se instituyó más tarde (1801) un primer Consejo Supremo del Grado 33 que habría de velar por la coordinación en el desarrollo de los diversos rituales incluidos en el Rito. El conde de Grasse recibió del Supremo Consejo de Charleston patente para la formación en Europa de un S. C., establecido en Francia desde 1804, al que se unieron sucesivamente los de Italia, España, Inglaterra y Bélgica durante los primeros lustros del siglo XIX.

Vemos, pues, que fue el desarrollo de la especulación filosófica la causa de las nuevas formulaciones rituales concebidas para el tratamiento simbólico masónico de los temas estudiados en los diferentes grados que fueron surgiendo. No se entiende la metodología de iniciación como adscrita a un determinado rito, comprensivo de un número de rituales inamovibles.

La temática fundamental masónica está compendiada en los rituales de los tres grados «históricos» de que constan los diferentes ritos practicados y hace referencia constante a la construcción simbólica del «templo» interior, trabajando nuestra «piedra bruta» en armonía con el orden «geométrico» seguido por el Gran Arquitecto del Universo. Tal es, esquemáticamente, el armazón conceptual sobre el que ha de basarse un rito para ser identificable como masónico y tal es, de hecho, la práctica admitida en las diversas obediencias de la Orden.

Los llamados «altos grados», más allá del tercero, incorporan especializaciones especulativas que desglosan los contenidos filosóficos y místicos de los tres grados básicos. Es tan pensable un rito de treinta y tres grados como uno de noventa y seis, si de lo que se trata es de aplicar el método simbolista a temas suscitados o suscitables a lo largo de la investigación masónica. Cabe incluso apuntar que el método podría ser aplicado al estudio analógico de temas filosóficos replanteados por la Física de nuestro tiempo, con una terminología ritual actualizada, y que nada de ello podría ser considerado esencialmente «irregular».

Si, como indico en la segunda parte de este libro, los símbolos rituales proceden de la tradición helenística, de la bíblica y de determinadas aportaciones medievales, parece lógico someter a consideración el caudal de datos (prefigurados, pero no singularmente explicitados por nuestro simbolismo tradicional) que a lo largo de los últimos cien años están siendo aportados por una investigación que, en el campo de la Física y de la Cosmología, parecería estar llegando a las puertas mismas de algunas de las enseñanzas de la Gran Tradición. El «desdoblamiento» de algunos símbolos, partiendo de valores exotéricos actuales, pondría de relieve sus analogías en este sentido. Los «pequeños misterios» clásicos, asumidos en los tres primeros grados masónicos, encierran todo el planteamiento que está siendo debatido por el ecologismo científico actual, en el que se empiezan a adivinar inquietudes que podríamos llamar «geosóficas».

Conviene recordar, no obstante, que la ciencia profana sólo puede «traducir» parcelas de una Ciencia global de la naturaleza (Física, en su etimología griega), y que la especialización, sin una referencia última común, ha dado lugar a una auténtica pérdida de orientación en el mundo que llamamos «occidental». En la Física no veía Aristóteles más que una aplicación de principios superiores a las manifestaciones sensibles del mundo natural, expresados en leyes concretas. Las ciencias del mundo moderno se consideran «independientes» y niegan cualquier vinculación con un Principio exterior a ellas. A pesar de esto, el origen de las ciencias fundamentales de nuestro tiempo se encuentra en la Gran Tradición, reduciéndose a los aspectos exotéricos del conocimiento científico-sagrado, y buen ejemplo de ello es la Química, derivada exclusivamente de la experimentación alquímica, en la que se implicaba la manipulación de materiales diversos en función de la interacción entre microcosmos y macrocosmos relacionados con el estado de conciencia del propio alquimista experimentador. La Homeopatía muestra un evidente parentesco analógico con el «ánimo» de las ciencias tradicionales.

En el ulterior desarrollo de la Masonería, durante los dos siglos siguientes, han ido germinando algunas manifestaciones del inmenso contenido potencial que encierran sus dos vertientes complementarias: Fraternidad Universal e Iniciación.

El concepto masónico de Fraternidad supera el estrecho esquema de lo «democrático» en términos profanos. Lo que se expresa exotéricamente como «fraternal» es, esotéricamente, el amor platónico. La democracia iniciática es necesariamente consensuada, puesto que emana de «hermanos» en busca común de la Sabiduría y no de «individuos» que representen posiciones de valor absoluto. No es la fuerza del número, sino la de la autoridad intelectual y moral de los planteamientos, la que es coherente con una gnosis iniciática. Sólo a nivel físico puede apelarse a un procedimiento dirimente de desequilibrios también físicos, canalizando a través de métodos «racionales» (la razón se mueve siempre en el mundo físico) las apreciaciones controvertidas. Cualquier otra fórmula propia de ese plano de lo sensible puede resultar más negativa, y por ello la Masonería se ha manifestado siempre favorecedora de los modelos sociales llamados democráticos, sin renunciar, en su propia estructura interna, a un ideal de disciplina inseparable de la metodología iniciática de la que es transmisora. Tal disciplina responde, inevitablemente, al espíritu sinárquico que caracteriza a todas las escuelas iniciáticas.

La falta de claro discernimiento entre lo que puede ser una benévola cofradía y una auténtica fraternidad iniciática ha producido y produce serios trastornos a la Masonería Universal. Recordemos, en fin, lo que ya en 1810 decía el ilustre masón que fue Carlos Federico Krause, viendo en una posible Fraternidad masónica renovada el germen del último nivel hacia la añorada alianza universal:

> Ha llegado el momento de que la Fraternidad, mediante una completa renovación, comience su tercera etapa; la más hermosa. Por fin, ha llegado el tiempo en que, dentro del espíritu de superación que está despertando en la Tierra, también en ella despierte un nuevo espíritu. Su renovación será más grandiosa y benéfica para la Humanidad de lo que fue la reforma con la que comenzó su segunda etapa*.

---

* Karl Ch. F. Krause: *Los tres documentos más antiguos de la Fraternidad masónica.*

IV. En torno a la Reforma del siglo XVIII

EL rey Jacobo II de Inglaterra (y VI de Escocia) fue acogido en Francia por Luis XIV tras la entronización en Gran Bretaña de Guillermo de Nassau y María II Estuardo, en 1688. Le acompañaron algunos de sus más leales caballeros al frente de sendos regimientos militares escoceses, ingleses e irlandeses. En el seno de aquellos regimientos existían constituidas logias masónicas que llevaban los nombres de sus respectivos coroneles. Su antecesor en el trono, Carlos II Estuardo, asesorado por sus consejeros áulicos, había ya premiado con títulos y distinciones de la Orden de San Andrés del Cardo, recientemente restaurada, a los más destacados partidarios de su causa. La masonería operativa escocesa había estado bien relacionada con la antigua Orden de San Andrés, como lo había estado con la Iglesia de Escocia, colaborando significativamente en la construcción de abadías y conventos (como el benedictino-tironés de Kilwinning).

Cuando los jacobitas tomaron asilo en Francia fueron acogidos inicialmente en la abadía de Clermont, regentada por los jesuitas. De aquella abadía dependía también el colegio parisino en el que varias décadas más tarde se formaría el Capítulo de Clermont, tan vinculado con la creación del Rito de Perfección y, por ello, con el Rito Escocés Antiguo y Aceptado.

Pero la masonería estuardista, instalada pronto en la pequeña corte jacobita de Saint Germain en Laye, mantenía las mismas ordenanzas, constituciones y rituales de origen medieval que los masones isleños. Los Old Charges (Antiguos Deberes) ingleses regían en el siglo XVII en las logias operativas de Escocia. Del conjunto de ordenanzas masónicas británicas llegadas a manos de los investigadores modernos destacan las de York, cuya primera redacción latina data de 1352, las contenidas en el manuscrito Regius, de finales del siglo XIV, y las del manuscrito Cooke, escrito durante la primera parte del siglo XV (los dos últimos se hallan en el Museo Británico de Londres).

Las Ordenanzas de York fueron disposiciones, dadas por el capítulo catedralicio de aquella ciudad para regular el trabajo de sus constructores durante el siglo XIV, que nada revelan, ni en su fondo ni en su forma, de los usos de la logia masónica que asumía la construcción.

El manuscrito Regius resume en su introducción los fundamentos «geometristas» de la Masonería, desde Euclides, e incluye después la Geometría entre las siete artes liberales (el Trivium y el Quadrivium medievales) cuya práctica puede abrir las puertas de la eternidad... Recordemos que por Geometría se entendía entonces el estudio de los números y las formas (espacio-tiempo), y que el término se usaba como equivalente al de «Ciencia». El manuscrito dedica gran parte de sus versos al talante de la fraternidad masónica, insistiendo en la absoluta honradez como pauta de las relaciones entre «compañeros». El documento es, pues, más revelador del sustrato filosófico masónico, a pesar del formalismo católico con el que se presenta.

Igualmente hace referencia a la Geometría el manuscrito Cooke, apuntando hacia una metafísica semejante a la diluida en el Regius, finalizando con semejantes normas de convivencia masónica.

Todas estas disposiciones se abstienen de transcribir los usos vigentes en las cofradías de masones. No hay en ellos ninguna alusión ritual propiamente dicha y se adornan convencionalmente con una terminología sintonizada con el medio socio-cultural propio de la época y el lugar. Las fórmulas heredadas de los constructores de Como y, en definitiva, las de todos los constructores de templos que les precedieron en la vieja tradición, se mantenían secretas por la doble razón de constituir un valioso patrimonio y de no ser aptas para la divulgación impune en una sociedad mediatizada por celosos dogmatismos. En la misma situación se hallaban los masones del continente europeo, donde la logia de Estrasburgo actuaba por aquella época como centro aglutinante o Logia Madre.

La segunda parte del siglo XV marca el comienzo de la decadencia de las logias operativas de masones, y el Renacimiento, con nuevos planteamientos económicos y sociales, junto a tendencias arquitectónicas diferentes, margina a los grupos de constructores sagrados. A finales del XVII tan sólo operan ya pocas logias londinenses y alguna, más bien teórica, en York. Otro tanto ocurre en el resto de Europa. Tal es la situación a la llegada a Francia de Jacobo II. Habremos de analizar separadamente, en su momento, las consecuencias de la influencia que aquellos masones-militares de la corte jacobita en el exilio pudieron ejercer en el desarrollo de la masonería continental a lo largo del siglo siguiente, sin perder de vista que, tanto el rey exiliado como sus caballeros, eran católicos y mantenían con Roma una estrecha vinculación doctrinal y política.

La influencia de las logias de «masones aceptados» fue de gran importancia en Inglaterra durante el siglo XVII. En algunas eran, incluso, mayoritarios y procedían tanto del campo católico como del protestante. Ya hemos hecho referencia anteriormente a la presencia de notables miembros de la Royal Society, algunos de ellos alquimistas y rosacruces.

Entre los «operativos», todo estaba quedando reducido a una mera preocupación moralizante sin opción pedagógica para los conocimientos ancestrales, que se habían diluido en la artesanía rutinaria de la mayor parte de las logias supervivientes.

A partir de 1714 los masones operativos y algunos de sus «aceptados» londinenses empezaron a detectar la sigilosa actividad de un capellán de logia (la de la catedral de San Pablo) que, sin respaldo de la gran maestría, celebraba reuniones rituales a las que no invitaba a masones operativos. El capellán era James Anderson.

Los capellanes y los médicos de logia eran colaboradores cualificados de los talleres o logias en los que prestaban sus servicios y participaban en las tenidas o reuniones masónicas con ciertas restricciones. La iniciación de profanos estaba reservada al presidente de logia, siendo ilícita la iniciación oficiada por un simple compañero. James Anderson creó su propia logia con siete notables compañeros masones, entre los que destacaban Jean Théophile Désaguliers, también pastor protestante y miembro de la Royal Society, francés de nacimiento, y Anthony Sayer, que habría de ser más tarde primer Gran Maestre de la Gran Logia de Londres.

La reacción de los masones «regulares» operativos no se hizo esperar y, en septiembre de 1715, los rebeldes fueron declarados ilegales por sir Christofer Wren, Gran Maestre, arquitecto de la Corona a cargo de la construcción de la catedral de San Pablo y presidente de la Royal Society. Anderson y sus amigos, en abierta rebeldía reformadora, dieron forma definitiva a la célebre Logia de la Antigüedad, madre de la que iba a ser una nueva Obediencia masónica estrictamente «especulativa».

> El grupo nombró al poco tiempo su propio Gran Maestre en la persona de Anthony Sayer, como queda dicho, a quien sucedieron en breve dos intérpretes muy principales de aquellos acontecimientos históricos: George Payne y Théophile Désaguliers, que habían de desempeñar notables papeles en la elaboración de las

Constituciones. Tras un nuevo gran maestrazgo de Payne fue elegido el primer Gran Maestre no directamente vinculado con el núcleo inicial, en la persona del duque de Montagu, comenzando así la costumbre de poner al frente de la Obediencia a miembros influyentes de la nobleza británica. Durante la magistratura del sucesor de Montagu, que fue el duque de Wharton, tuvo lugar la aprobación y publicación del *Libro de las Constituciones de los Francmasones*. Por cierto que en aquella ocasión se produjo la primera grave discrepancia en el seno de la nueva Obediencia, dando lugar a la renuncia de Montagu en favor de Wharton*.

Pero volvamos al fondo de la cuestión, ya que parece claro que no fueron ni el orgullo ni la codicia los que movieron a Anderson y sus compañeros a reformar la Masonería. Ni siquiera es justo que deba cargarse sobre sus espaldas el peso del conjunto de factores que determinaron el despegue.

En el aspecto doctrinal, la reforma de Anderson viene a independizar el «ánimo» masónico de la vinculación a cualquier religión positiva, liberando al iniciado de la obligación de aceptar o practicar la del país en que se encuentre y sustituyendo ese antiguo «deber» de los masones operativos por el de observar una conducta moralmente irreprochable, en función de los criterios sociales predominantes en cada lugar y momento y de mantener con los demás masones una honrada línea de comportamiento fraternal. La aceptación del Principio Generador, llamado Gran Arquitecto del Universo, pasaba a ser la referencia común que separaría a todo auténtico masón de la laicización ultramontana preconizada por el racionalismo y el positivismo. Esta referencia al Gran

---

* El duque de Wharton promovió, años después, la creación de logias en España y murió en nuestro país, siendo enterrado en el monasterio de Poblet.

Arquitecto representaba en aquel momento la liberación de la capacidad especulativa (filosófica) en el seno de las logias, por cuanto las constituciones y reglamentos de la masonería tradicional operativa habían estado siempre, como se ha indicado, determinados formalmente por el exoterismo cristiano. Las nuevas Constituciones buscaban el fomento de una sociedad universal basada en la fraternidad masónica.

Evidentemente, Anderson y su grupo dieron un paso de gigante, si se interpreta su movimiento con la debida perspectiva histórica. Si la dinámica de la reforma no es entendida como elemento integrante de la Masonería en sí misma y se objeta su posibilidad de adaptación a circunstancias nuevas, el ejemplo de la Reforma del XVIII sólo tendrá la validez de un espécimen conservado en formol.

En el proyecto masónico reformador está presente la razón como estupenda facultad humana para la ordenación de datos, pero en modo alguno se implica una postura racionalista, sino más bien todo lo contrario. Merece la pena detener la atención en el primer artículo de las Constituciones redactadas por Anderson y lo que hemos llamado «su grupo»:

«Un masón está obligado, por su compromiso con la Orden, a obedecer la ley moral y, si entiende correctamente el Arte, nunca será un estúpido ateo ni un libertino irreligioso. Pero, aunque en los tiempos antiguos los masones estuvieron obligados en todas partes a seguir la religión oficial del país o de la nación, fuera cual fuere, se considera hoy más conveniente que se obliguen tan sólo con la religión sobre la que todos los hombres están de acuerdo, dejando a cada cual sus propias opiniones personales. Esa religión consiste en ser hombres buenos y sinceros, hombres honrados y probos, cualesquiera sean las denominaciones y creencias que puedan distinguirlos, por lo que la Masonería se convertirá en el centro de unión y medio de conciliación, a través de la amistad sincera, de personas que hubieran podido permanecer perpetuamente distanciadas.»

Por una parte se hace una declaración de «teísmo» y de «religiosidad», pero subrayando que tal religiosidad debe ser entendida como un compromiso del masón con la bondad, la probidad y la honradez como cualidades esenciales para la convivencia fraternal de los hombres, diseñando con ello un concepto concreto de moralidad. La alusión al ateísmo «estúpido» hay que entenderla desde las coordenadas históricas de la sociedad británica de principios del siglo XVIII, en la que tanto la aristocracia como las clases populares hacían gala, en general, de un total desentendimiento de los temas espirituales, tradicionalmente vinculados a la idea de Dios. La despreocupación respecto a los temas trascendentes, como el del origen del Universo y la significación última de lo humano sin proposición alternativa alguna, podía y seguramente debía ser considerada como estupidez.

Por otra parte, la sustitución de las religiones positivas por un código de conducta «moral», entendida como bondad-probidad-honradez de los unos para con los otros, no parece atribuible a James Anderson o a Théophile Désaguliers, dada la conexión teológica de ambos con el cristianismo protestante.

El encargo de reunir en una nueva redacción las «antiguas costumbres» de los masones fue hecho a Anderson junto con otros hermanos. Como indica Ambrosio Peters: «Probablemente Anderson fue el primero de la lista por razón de simple orden alfabético, siendo relegados los restantes con el paso del tiempo, cuando aquél pudo haber sido sólo un redactor o relator.» El mismo autor brasileño señala a John Toland como el más probable portavoz de la tendencia claramente panteísta recogida en el artículo primero de las Constituciones. Toland había expuesto con anterioridad, en su *Panteisticus,* la identificación del concepto de «Dios» con el de «Universo».

Anderson presentó un primer manuscrito de las Constituciones a la Gran Logia de Londres en diciembre de 1721. El proyecto fue modificado por una comisión de hermanos, sin que se pueda determinar en qué consistió tal modificación. Un año más tarde fue presentado el libro, ya impreso. En la edición de 1723 no figuran los acontecimientos que dieron origen a la Gran Logia en 1717, y los únicos datos en ese sentido fueron aportados por Anderson en un anexo a la edición de 1738.

Hay que señalar que Anderson estuvo apartado de la Gran Logia de Londres desde 1725 hasta 1735. Los motivos no parecen claramente definidos, aunque buena parte de los comentaristas atribuyen la separación temporal a razones económicas, ya que Anderson había mandado imprimir el libro en 1722, cuando, a finales de dicho año, lo presentó por segunda vez a la comisión de hermanos mencionada. Esperaba, al parecer, poder remediar en parte su difícil situación pecuniaria con la edición y venta de la obra; lo que no tuvo lugar. Pero otros críticos apuntan a las discrepancias respecto al panteísmo entronizado en el artículo primero como causa más plausible del apartamiento de Anderson.

Cuando se reintegró a la Gran Logia, en 1735, Anderson promovió la publicación de una segunda edición, que apareció en 1738, con algunas matizaciones importantes, insistiendo en la necesidad de evitar disensiones en el seno de las logias por motivos religiosos o políticos y subrayando el origen cristiano de la Masonería. Por otra parte, es en esta segunda edición donde se consagra la maestría como grado iniciático, definitivamente diferenciado de la figura tradicional del Compañero. La dramatización del mito de Hiram y la reencarnación simbólica de éste en cada nuevo Maestro no fueron admitidas sin gran polémica interna y se produjeron serias divisiones, como la que movió a Samuel Prichard a difundir su requisitoria *El gran misterio de la Francmasonería al descubierto,* que obtuvo un importante eco.

La mayor parte de los historiadores masones están de acuerdo en que la introducción del mito de Hiram como elemento básico de la iniciación magistral masónica es una aportación introducida a principios del siglo XVIII por eruditos hebreos iniciados en Inglaterra. El ritual hiramita había sido por completo extraño a la Masonería operativa, en la que Hiram aparecía nombrado tan sólo como personaje histórico, dentro del contexto de los relatos que solían prologar los reglamentos y ordenanzas de las cofradías. Fue la introducción ritual del mito la que produjo la reacción condenatoria romana y también la de buen número de masones tradicionales (operativo-aceptados), que, en 1730, decidieron la formación de la Orden Real de Escocia como nueva Obediencia surgida en Londres para contrarrestar «la descristianización introducida por las Constituciones de Anderson», según señala J. H. Ostiak*.

El esoterismo masónico tradicional se había basado en la geometría euclidiana, partiendo de la reflexión sobre la proporción de números y formas, para pasar de la simple «creencia» religiosa al verdadero conocimiento metafísico, sin estimulación de la potencialidad psíquica mediante elementos rituales.

He aquí, pues, lo sustancialmente característico de la Reforma consolidada por el *Libro de las Constituciones* de 1738. Es evidente que dicha reforma se operó en Inglaterra y que en ella participaron masones protestantes, católicos y hebreos, llevando a cabo la adaptación de lo que podría llamarse el «habitáculo» de la última Masonería tradicional (con «aceptados») a la recepción de nuevas formas de especulación espiritual.

Los jacobitas instalados en Francia a finales del XVII quedaron en la periferia de la reforma de Anderson, inspi-

---

* J. H. Ostiak, en *Travaux de la L. Nationale Villard de Honnecourt*, nº 2, citado por R. Ambelain. (Bibliografía.)

rando y fundiéndose con la masonería francesa, siendo conservado su Rito Escocés Primitivo por el Supremo Consejo de los Ritos Confederados de Francia a partir de 1845.

Sin embargo, la Masonería debe a la «irregularidad» de aquella Gran Logia de Inglaterra un decisivo paso en el avance metodológico del Simbolismo como estructura integrada por «disciplinas» o «grados» propuestos al iniciando en su camino hacia el Conocimiento contenido en las enseñanzas de la Gran Tradición.

La Moral masónica definida por la Reforma inglesa tiene como meta una fraternidad universal sinárquica que facilite el acceso a la Gnosis a cuantos se hallen en el «estado de gracia» o «síndrome» de evolución humana adecuado en cada momento y en todas partes, sin más condicionamientos sociales que el de un comportamiento «sincero, honrado y leal, propio de los hombres de bien». Se trata de todo un principio constitucional sólo mucho después recogido por las constituciones políticas de los diferentes estados, que, si bien alentó siempre las más nobles aspiraciones filosóficas profanas, aparece institucionalizado en el siglo XVIII por la Francmasonería para convertirse en meta social universal a partir de entonces.

V. Masonería caballeresca

SON muchos los profanos y no pocos los masones que asumen como obvia una íntima vinculación de la Masonería con las órdenes de caballería medievales y, más concretamente, con la Orden del Templo. Y son especialmente autores antimasónicos quienes suelen postular con mayor insistencia esa relación, por llevar implícita la condena que dio al traste con los templarios a principios del siglo XIV a causa (sólo aparentemente) de las supuestas prácticas heterodoxas a las que aquellos caballeros habrían dedicado particular atención. La condena, civil y eclesiástica, sería, para algunos, extrapolable a la Masonería como heredera teórica de la Orden templaria.

Tal herencia, sobre la que no existe documentación histórica acreditativa de ninguna clase, aparece para los entusiastas, bien en la supuesta sucesión material de una orden por la otra, bien en la asunción por la Francmasonería de un patrimonio «secreto» o de «secretos» que habría recibido de los dispersados hermanos de Jacques de Molay.

La hipótesis de una relación «sucesionista» Orden del Templo/Orden Francmasónica aparece vinculada a lo que en Masonería se llama escocismo o, lo que es casi equivalente, estuardismo. La intriga política permanente que caracterizó la presencia de la casa de Estuardo en el trono británico y, luego, sus aspiraciones al mismo, a lo largo de los siglos XVII y XVIII, podría hallarse en la base de matizaciones político-militares que han caracterizado determinado tipo de logias y obediencias herederas de las inicialmente creadas en territorio francés por los emigrados estuardistas y en Alemania por sus émulos prusianos.

La suposición de una herencia «secretista» recibida de los templarios por la Masonería, sin poder acudir a fuentes históricas fehacientes, sólo viene a poner de relieve una confusión en rasgos comunes a la mayor parte de los movimientos o corrientes espiritualistas que, ancladas en el simbolismo, tratan los mismos temas humanos. En este sentido podría hablarse de un paralelismo entre algunos de los descubrimientos a los que llegaron los templarios durante su permanencia en Oriente, en contacto directo con otras corrientes de la Gran Tradición precristiana allí subsistentes (como el sufismo islámico), y los conocimientos transmitidos por las escuelas iniciáticas de la Antigüedad que inspiraron el trabajo de los «colegios» o grupos de constructores sagrados. Lo cierto es que el Templo desapareció y que la Masonería medieval llegó a los albores del Renacimiento un tanto diluida y no precisamente reforzada por una supuesta herencia templaria.

Sólo en torno a 1740 comenzaron a aparecer en Francia y Alemania los llamados grados masónicos «caballerescos», algunos de los cuales desarrollan su temática basándose en símbolos y principios morales que habían sido también cultivados en el seno de las órdenes de caballería medievales.

Suele señalarse el discurso pronunciado en diciembre de 1736 por el hidalgo franco-británico Miguel-Andrés Ramsay ante la Gran Logia de masones franceses como la primera afirmación rotunda de una vinculación masónica con las órdenes militares que operaron en Palestina durante la Edad Media y, concretamente, no con la Orden de Templo, sino con la más antigua de San Juan de Jerusalén:

«Desde la época de las Cruzadas en Palestina, muchos príncipes, señores y ciudadanos se asociaron para restablecer los templos de los cristianos en Tierra Santa y se comprometieron, mediante juramento, a llevar la Arquitectura a su primitiva institución...»

«Nuestra Orden, por tanto, no debe ser considerada... sino como una Orden moral fundada en la remota Antigüedad y renovada en Tierra Santa por nuestros antepasados para evocar el recuerdo de las verdades más sublimes...» «Algún tiempo después nuestra Orden se unió a los Caballeros de San Juan de Jerusalén y, desde entonces, nuestras logias llevan el nombre de logias de "San Juan" en todos los países»*.

Como buen católico estuardista, Ramsay ni siquiera insinúa cualquier relación de la Masonería con la anatematizada Orden del Templo. Fue después de la instalación de las primeras logias especulativas en la Alemania de la primera mitad del siglo XVIII cuando, según explica Le Forestier, apareció, en la berlinesa Logia de los Tres Globos, el primer grado «templario», conocido como el de «Caballero de Dios y de su Templo» e insertado luego en un rito de siete grados con el nombre de «Caballero Sublime». Aquella logia dio vida, bajo la triple dirección del francés marqués de Lernay y de los alemanes barón Printzen y reverendo Rosa, a un capítulo de siete grados al que llamaron de Clermont en honor del entonces Gran Maestre de la Gran Logia de Francia, conde de Clermont, sin que este hecho tuviera, por el momento, repercusión alguna en el país vecino.

---

* La legendaria ubicación de una primera logia masónica en el atrio del que fuera Templo de Jerusalén por los caballeros templarios y el patrocinio de las logias masónicas, referido a San Juan Bautista y a San Juan Evangelista como símbolos esotéricos del pasado y del futuro (que también representa Jano, la divinidad del doble rostro, en la mitología romana de los constructores), ha dado lugar a una profusa bibliografía en torno al tema del «juanismo». Ver P. Naudon, en *Les loges de S. Jean,* Edit. Dervy. París.

Sin embargo, esta tendencia iniciada en la Logia de los Tres Globos (a la que más adelante había de pertenecer el rey Federico de Prusia) tuvo su desarrollo en la exuberante labor del barón Von Hund, creador de la Masonería Rectificada o de «Estricta Observancia», que afirmaba haber sido recibido maestro masón en París por el mismo Carlos Eduardo Estuardo. Von Hund se propuso no sólo una masonería heredera de los conocimientos de la Orden templaria, sino la restauración de la vieja Orden caballeresca y la recuperación de su patrimonio territorial. La nueva Orden del Templo estaría integrada por masones iniciados mediante un sistema de cuatro grados simbólicos (Aprendiz, Compañero, Maestro y Maestro escocés) que, a continuación, pasarían a formar parte de la «Orden Interior» mediante un complemento de dos grados adicionales (Novicio y Caballero), ya que, según el barón, la Masonería habría sido sólo la forma disimulada en que la Orden del Templo habría podido subsistir hasta aquellos días...

A partir del cisma producido en el seno de la Estricta Observancia (1778-1782), del que fue promotor Juan Bautista Willermoz reclamando la escisión de la jurisdicción alemana de las provincias templarias de Borgoña, Auvernia y Occitania, aparece en Lyón el rito del Régimen Escocés Rectificado, igualmente con cuatro grados simbólicos y conservando los dos grados caballerescos iniciáticos. Willermoz renunció a las reivindicaciones patrimoniales, pero asumió para el Régimen Escocés Rectificado una auténtica naturaleza de orden caballeresca de «filiación» espiritual templaria a la que sólo los iniciados masones más esclarecidos tenían acceso.

Los masones iniciados en los cuatro grados simbólicos del Régimen Escocés Rectificado que, pasando al Noviciado, llegan al grado de Caballero, son «Bienhechores de la Ciudad Santa» y miembros de la Orden Benefactora de Caballeros Masones de la Ciudad Santa. Se trata, en suma, de una forma de masonería cristiana o crística que reconoce la mayor antigüedad del Conocimiento tradicional masónico, según expuso el mismo Willermoz en el Convento (Convención) de Wilhelmsbad, intentando ensamblar ambas tradiciones en una forma ritualizada de ascesis común.

A primera vista resulta en verdad sorprendente la simbiosis histórica de constructores y caballeros que se fue entretejiendo a partir de la institucionalización de la Masonería especulativa en el siglo XVIII. Los contactos medievales de grupos de masones con los «caballeros de Oriente» habían surgido como consecuencia del propósito constructor y reconstructor de éstos y de la alta especialización técnica de aquéllos, reconocida a los «comicini» por la Iglesia romana y por todas sus diócesis centroeuropeas desde la remota Alta Edad Media.

Las nuevas logias especulativas acogieron a honrados burgueses con inquietudes que se traducían en una sincera aspiración moralizante, sin que el plano iniciático apareciera, para muchos de ellos, como trasfondo muy preciso o meta última de las enseñanzas simbólicas. Lo más inmediatamente percibido era el ideal de fraternidad universal explícitamente propuesto por la nueva Masonería por encima de las consuetudinarias «diferencias» espirituales que las diversas denominaciones cristianas no parecían poder superar en convivencia armónica. Tal aspiración, por noble que fuera, suponía un planteamiento prioritariamente «social» que había que abordar dentro de las coordenadas entonces vigentes y que implicaba la captación de «valedores» socialmente influyentes para la definitiva consolidación de la Orden. Con ello se abría también camino la idea de un tipo de sociedad más igualitaria y benevolente, integradora de hombres del «estado llano» junto a nobles de vieja alcurnia, sobre la base de una común voluntad de perfeccionamiento fraternal sin condicionamientos religiosos específicos. El acceso de miembros de la nobleza culta europea a las nuevas logias, en las que seguía reconociéndoseles un especial condición, supuso también la aportación de un bagaje adicional de tradiciones simbolizables, complementarias de las que habían caracterizado la evolución masónica durante el siglo XVII.

El indudable valor iniciático del mito caballeresco, sometido a análisis masónico, no debe confundirse ni relacionarse con el origen histórico de la Masonería. Los más antiguos manuscritos gremiales de los siglos XIV y XV hacían referencia en sus resúmenes preambulares a la protección dispensada a los constructores sagrados por reyes y señores muy anteriores a las Cruzadas y, aun teniendo en cuenta la forma fabulada en que solía transcribirse la historia en aquellos tiempos, se desprende de tales exposiciones una concienciación de los orígenes ancestrales de la Francmasonería en nada vinculados con las órdenes de caballería. En todos ellos resalta en primer plano la fundamental inquietud «geometrista» de los masones constructores.

Jean Palou cita, entre otros, el manuscrito Tew (siglo XVII) conservado en la biblioteca de la Gran Logia Provincial de West-Yorkshire, del que merece especial atención el siguiente párrafo:

«Las reglas de la buena masonería se perdieron hasta la época del rey Athelstan, que restableció el orden. Él encargó numerosas construcciones. Apreciaba a los masones igual que su hijo Edwin. Éste, hábil en Geometría, se hizo constructor y obtuvo de su padre una carta que autorizaba a sus hermanos a reunirse cada año en el lugar del reino que eligiesen. Él mismo presidió una asamblea en York e invitó a los constructores a buscar los documentos antiguos referentes a su Cofradía. Esos archivos fueron recogidos y se redactó un libro que estudiaba el origen y la historia de la Masonería, así como los deberes de sus miembros.» Edwin, en realidad hermano de Athelstan y heredero de la corona (según el estudio comparado de manuscritos señalado por H. Prentout), reinó entre 940 y 946*.

---

* Jean Palou: *La Francmasonería*. Edit. Dédalo.

Numerosos autores e investigadores, tanto masones como profanos, ponen de relieve que las fraternidades masónicas propiamente iniciáticas se constituían en el seno de las cofradías o gremios de constructores, integrando a aquellos que mostraban cualidades humanas «idóneas». En los *Anales de la Abadía de York,* de 1352, se recogen los reglamentos de «constructores y obreros» editados por los capítulos, según pone también de relieve Jean Palou. Se distingue en ellos entre «especialistas» y «obreros», a modo de «iniciados» y «profanos». Esta distinción sigue encontrándose en pleno siglo XVII en Inglaterra, donde la «fellowship» constituía un núcleo interior de la «compañía» de los masones comunes o constructores no iniciados.

Fue en el seno de las «fellowship», o fraternidades de masones inglesas de los siglos XVI y XVII, donde se fortaleció el movimiento «novatorio» o especulativo que acabó sustituyendo definitivamente a la masonería tradicional y ampliando el concepto de fraternidad para abarcar a hombres de cualquier profesión mediante una nueva valoración simbólica de los utensilios de trabajo propios de los masones convencionales. La mayor parte de los autores subrayan el escaso número de logias operativas o de «oficio» en la Inglaterra del siglo XVII, a diferencia de lo que ocurría en Escocia.

La misma historia mítica del oficio, transmitida ancestralmente en las logias de masones constructores, fue refundida y «resimbolizada» en el mito del Templo de Jerusalén y de su construcción como prefiguración de la construcción del «templo interior» al que aspira la nueva Masonería. En este sentido, recuerda J. Tomaso que «...el mito del origen salomónico de la Masonería no tiene otra finalidad que la de colocar a ésta bajo el signo de aquel edificio altamente señero, cuya importancia subraya así otro texto: "El Templo de Salomón, en Jerusalén, es la base invariable de toda la Francmasonería... Este edificio siempre tuvo un lugar preeminente entre las maravillas del mundo; meditad sobre cuál fue su destino, los planos sobre los que fue construido, la mano que los trazó, la sabiduría del que los hizo ejecutar, el especial talento de quien dirigió la construcción, sus dimensiones, sus divisiones, sus ornamentos y, en fin, las grandes revoluciones que sufrió. Quizá encontréis en él una gran relación con vosotros mismos y quizá, también, una gran relación con toda la naturaleza y con su Autor"»*.

Todo ello apunta un proceso histórico que cabría esquematizar en las siguientes secuencias:

1. Rituales de construcción «sagrada» documentados desde épocas remotas de la historia de las civilizaciones (Caldea-Egipto, etc.) y presumibles en la prehistoria europea (construcción de menhires, dólmenes, etc.).

2. Rituales didáctico-iniciáticos elaborados por los sacerdotes egipcios para la iniciación de constructores especializados en Menfis y Tebas (templos de Ammón, Osiris e Isis), resumiendo conocimientos de geometría, matemáticas, astrología y geosofía que pasan a los constructores fenicios y frigio-griegos (templos de Dionisos), con la aparición de los «colegios» profesionales de la Antigüedad.

3. Collegia fabrorum romanos. Los colegios (originariamente de «pontífices» o constructores de puentes), en número creciente desde los tiempos de Numa Pompilio, adquirieron gran importancia en la vida político-religiosa de Roma, presididos por los reyes hasta la caída de la monarquía y por un «Sumo Pontífice» después. Los obispos cristianos de la ciudad imperial adoptaron este título a partir del siglo VI.

4. Tras la caída del imperio en Occidente, los papas romanos protegen el desarrollo de la actividad de los

---

* J. Tomaso cita un texto del Rito de Perfección. *Dicc. Thématique.*

constructores de Como, en Italia, y les asignan trabajos de construcción de iglesias y conventos como «sucesores» ritualmente agremiados de los «colegiados» paganos. Son enviados en misión de construcción a las nuevas diócesis centroeuropeas entre los siglos VII y X, donde primeramente desarrollan el estilo románico constituyendo guildas o gremios «francos» (libres del pago de tributos y gabelas feudales, etc.). Aparecen con ello fuertemente vinculados al cristianismo católico de Occidente y sus rituales iniciáticos (nunca escritos) estaban impregnados de lo que aquellos masones llamaban genéricamente «Geometría».

5. Durante las Cruzadas se produce el desplazamiento de algunos masones acompañando a los «caballeros». Ayudan en los trabajos de construcción y renuevan conocimientos en contacto con grupos homónimos de Oriente Medio.

6. Desarrollan en Europa, protegidos y alentados por la Orden del Templo, el estilo llamado «gótico», en el que la aplicación de conocimientos geométricos, matemáticos, astrológicos y geosóficos se ve ampliada y reforzada.

7. A partir de finales del siglo XV, las tendencias renacentistas y la nueva división de los cristianos occidentales producen la decadencia de las logias de masones constructores y el aumento de masones «aceptados» o «simbólicos» en las mismas.

8. Durante los siglos XVI y XVII, los «simbólicos» de las logias inglesas adquieren preponderancia, gestándose la «novación» que culmina con la reforma que supuso la formación de la primera Obediencia de la nueva Orden Francmasónica (1717).

9. Las escasas logias del oficio u operativas que quedaban en Europa continental rechazan, en términos generales, la novacion (en Francia se afirma el Compagnonnage), por lo que no hay «tránsito» novatorio, sino aparición de logias especulativas sin vinculación previa con los masones constructores.

10. Esta desvinculación hace que el «modelo» simbólico seguido por las logias continentales europeas se diversifique durante el siglo XVIII en busca de fórmulas simbolizantes de mayor eficacia iniciática. La actividad de los estuardistas anglosajones en el continente mueve a numerosos grupos de simpatizantes burgueses que ven en la sucesión «escocesa» el entronque histórico con una metodología masónica ennoblecida, vinculada con la realeza y las tradiciones militares caballerescas. Se respeta el simbolismo iniciático del modelo neomasónico inglés y se conjuga con el desarrollo del mismo a través de un número adicional y variable de «altos grados» que amplían la simbología mediante la incorporación de nuevos mitos simbólicos.

11. Aparece así la gama de ritos «escoceses» que caracteriza el movimiento masónico durante el siglo XVIII: Rito de Perfección, Régimen de la Estricta Observancia Templaria, Régimen Escocés Rectificado, Escocés Filosófico y Escocés Antiguo y Aceptado, principalmente.

El escocismo viene a ser un «sistema» metodológico seguido en el desarrollo gradual masónico, en nada vinculado con Escocia o con la masonería escocesa, sino surgido en Francia y Alemania a lo largo del siglo XVIII. La única vinculación detectada por los especialistas masones se limita al uso del adjetivo «escocés» aplicado erróneamente en Francia a un conjunto de grados, malinterpretando la calificación que los escoceses de la diáspora daban a su grado de «maestro». Así lo ponen de relieve tanto Albert Lantoine como Paul Naudon:

> Nos parece más justo suponer, puesto que no es posible ir más allá de la hipótesis, que el apelativo «Scot Master mason» se refiere en concreto al grado de maestro en su forma específica escocesa, practicada en Inglaterra por logias de masones originarios de Escocia o por logias cosmopolitas, como la de Bath, estación balnearia en la que eran numerosos los escoceses.

»Recordemos que en Escocia la Francmasonería de oficio había conocido siempre los tres grados de aprendiz, compañero y maestro. Esta tradición subsistía y fue conservada en la época de la mutación de la masonería operativa en "especulativa". En Inglaterra, por el contrario, si bien el grado de maestro no era ignorado por la antigua masonería de oficio, no se diferenciaba, sin embargo, del de compañero. También es cierto que al surgir la Francmasonería especulativa y la Gran Logia de Londres, sólo los dos grados de aprendiz y de compañero se practicaban en las logias inglesas, llamándose "maestro" únicamente a aquel que presidía la logia. La creación del grado no se produce más que a partir de 1723-1725, y la innovación estuvo lejos de ser rápida y universalmente admitida y sancionada[*]».

Este retraso en la consolidación del grado iniciático de maestro dentro de la masonería inglesa hizo que algunos considerasen la maestría escocesa (que, en realidad, tampoco excedía especulativamente las enseñanzas contenidas en el grado inglés de «compañero») como un grado «superior» o con mayor vitola. Por ello, los «maestros escoceses» aposentados en Francia, sobre todo a partir de las emigraciones políticas de finales del siglo XVII, eran considerados como masones de mayor grado, dando lugar al desarrollo de una nueva especulación, superpuesta por los masones franceses a los tres grados simbólicos tradicionales, con la que nada tuvo que ver la masonería escocesa. El de «maestro escocés» pasó a ser visto como un cuarto grado que encerraría un conjunto de conocimientos que los creadores de ritos «escoceses» fueron desgranando también gradualmente.

Este desglose, anclado siempre en los tres grados simbólicos comunes a todos los masones, se produjo en torno a tres grandes mitos sometidos a análisis siguiendo

---

[*] Paul Naudon: *Histoire, rituels et tuileur des hauts grades maçonniques*. Éditions Dervy, París.

la misma metodología analógica que había dado origen a la Masonería especulativa:

1. La consolidación del grado de Maestro como hito final de la iniciación masónica simbólica.
2. La continuidad del espíritu del Maestro Hiram en el empeño masónico de «construcción del Templo», interiorizado como templo íntimo.
3. La búsqueda y custodia de ese templo interior mediante la reflexión y la investigación de las enseñanzas transmitidas por la Gran Tradición esotérica universal en forma de Palabra y Símbolo.

El «escocismo» trata de integrar en su gama de grados los diferentes temas implícitos en estos tres grandes bloques míticos, y la simbología «caballeresca» representa, en este sentido, un valioso préstamo para el desarrollo de la especulación masónica, sin que sea preciso justificarlo acudiendo a una pretendida «sucesión histórica».

VI. Lo que buscamos

LA Francmasonería es un proyecto de Fraternidad Universal vivido y desarrollado desde una formación iniciática.

Como aspiración, ese proyecto implica un programa de trabajo forjador de armonía. Para que el camino emprendido lleve a buen fin, los masones hemos de seguir una metodología que es iniciática porque creemos que el Hombre encierra un complejo y sutil bagaje espiritual que precisa del tiempo y del espacio para ordenarse hacia el logro de una verdadera conciencia individual, pasando por diferentes niveles que nosotros simbolizamos en los temas graduales de la Iniciación.

Cada persona tiene una oportunidad espacio-temporal, desde que nace hasta que muere, para desarrollar su potencialidad, y lo que se persigue mediante la vivencia de la fraternidad masónica es, precisamente, crear las condiciones indispensables para que todos tengan su oportunidad de actualizar el derecho innato a tomar conciencia de sí mismos libremente. Esta dimensión social de la aspiración masónica engaña a cuantos olvidan que la sociedad justa y libre que siempre ha reivindicado la Masonería es deseada en tanto en cuanto constituye el «campo» ideal para un desarrollo psíquico humano más coherente. Ese desarrollo conduce necesariamente a una Gnosis que es la meta real.

Los ensayos formativos exotéricos (desde fuera) puestos en marcha durante siglos por las religiones positivas y las técnicas docentes convencionales no han conseguido más que paliar muy modestamente algunos de los efectos desastrosos derivados del estado de inconsciencia real en que solemos mantenernos la mayor parte de nuestra vida. La dogmática religiosa, en todas partes, y su sucedánea, la «ciencia racional» en Occidente, paradójicamente nacidas del impulso hacia la autoconcienciación que nos es innato, han puesto un freno importante al libre fluir de ese mismo impulso.

No trato de devaluar los aspectos positivos que, en determinadas circunstancias, puede conllevar una disciplina religiosa, ni mucho menos de repudiar los valores esenciales del razonamiento científico. Lo repudiable es la actitud dogmática que han tendido a menudo a imponer como regla de juego.

El talante de una auténtica ascesis hacia la concienciación cósmica que buscamos a través de la Iniciación nos hace desconfiar de esas posturas dogmáticas. Simbólicamente, este espíritu «rebelde» masónico se halla reflejado en el mito de Prometeo, que es la versión griega de una ejemplificación común a casi todas las grandes culturas históricas, y en el de Adán-Eva dentro de la tradición caldeo-hebrea. En tales mitos, los hombres, como criaturas pensantes, comprenden que pueden «ir más allá» adquiriendo nuevos conocimientos, arriesgándose a transgredir ciertas barreras dogmáticas. De manera más específica, y en el mismo sentido, simboliza Tubalcaín (Vulcaín, Vulcano) en los rituales masónicos el impulso intuitivo que lleva al Hombre a re-forjar la materia mediante el fuego, obteniendo de ella nuevas manifestaciones del haz de potencialidades que encierra.

Los francmasones no pueden limitarse a la mera especulación filosófica. Su utopía fraternal ha de ser vivida si pretenden proyectarla eficazmente a la sociedad. Acceder a un «estado de conciencia» fraternal no es lo mismo que «procurar» ser honrado, tolerante y amable con los demás, aunque ese esfuerzo sea indispensable. Sin un método conscientemente aceptado y disciplinadamente ejercitado no es posible llegar más allá de lo que se conoce convencionalmente como una «buena educación», y todos conocemos los resultados obtenidos por los enseñantes o «educadores» exotéricos, a lo largo de siglos, en este campo. La Moral tiene, en Masonería, la impregnación de un anhelo de armonía universal que consideramos meta de la auténtica Sabiduría, y sus parámetros sociales se concretan en los principios de Libertad, Igualdad y Fraternidad, prescindiendo de criterios dogmáticos discriminatorios y uniendo a los hombres en el ejercicio de facultades comunes a todos ellos que han de ser desarrolladas desde la intimidad individual. La expresión iniciática de esos principios sería Armonía, Proporción y Amor.

En definitiva, la aspiración social masónica traduce el principio hermético de analogía entre lo que «hay arriba» y lo que «hay abajo». La reflexión íntima, vehículo de la Iniciación, es condicionante de nuestras relaciones sociales.

La primera concienciación iniciática está vinculada al estudio de las formas físicas, que son concretizaciones del espacio-tiempo. La Geometría masónica pone de relieve el nexo entre el Número, como secuencia temporal, y la Forma, como acotación espacial. Nuestra metafísica del Número ve en éste la expresión del orden mensurable del Universo, simbolizado por la Tetractys pitagórica, cuya disposición triangular expresa simultáneamente unidad y pluralidad.

En la simultaneidad de lo contradictorio se halla la clave del simbolismo masónico, puesto que sólo mediante símbolos es posible expresar en bloque lo que sería una larga secuencia de datos múltiples relacionados con un mismo tema. No otra cosa resumen las ecuaciones matemáticas.

Las opiniones se forman en nuestra conciencia a partir de percepciones sensibles y son, por tanto, conocimientos parciales correspondientes a aspectos del objeto analizado, sabiendo que la captación íntegra del mismo no nos es accesible por los sentidos y que la razón sólo organiza datos facilitados por recepción directa, a partir de la cual deduce e induce, siempre en el plano físico. El conocimiento intelectual pleno sólo sería posible mediante una visión simultánea del conjunto de los aspectos parciales del objeto desde todos los ángulos. El acceso a esa «visión» exige un salto al plano mental que pasa por el desarrollo gradual de la intuición. Este razonamiento filosófico es el que subyace en la investigación científica profana de nuestros días, llevada a cabo por experimentadores que ya no buscan «causas», sino que estudian los fenómenos, dejando al campo filosófico la sintetización de los conceptos que puedan derivarse. La Mecánica cuántica ha puesto de relieve, en microfísica, la ausencia de relaciones evidentes de causa y efecto en el comportamiento de las partículas elementales (Principio de Incertidumbre de Heisenberg). Los fenómenos investigados no corresponden a una progresión «racional» determinada, sino que coexisten estados simultáneos que sólo pueden conocerse comparativamente. Cabe preguntarse si la Ciencia profana está llegando experimentalmente a las puertas de la Metafísica que niega y en la que se encuentran las claves de la Realidad.

Una primera forma del conocimiento requiere la ubicación de los conceptos en el espacio y en el tiempo; es decir, su objetivación. Esta primera forma corresponde a una inteligencia estática o «exotérica», como pone de relieve Schwaller de Lubick. De momento sólo estamos habituados a objetivar conceptos en tres dimensiones, condicionados por nuestra mentalidad euclidiana. Objetivar fusionando intuitivamente la dimensión temporal a las otras tres, como quiere el relativismo einsteniano, corresponde a una nueva etapa de nuestro desarrollo cultural. Pero ésa es, en realidad, la esencia de la inteligencia «intuitiva» que se transmite en la teoría platónica de las «ideas arquetípicas».

Por la unidad de la naturaleza universal el Hombre participa (es parte) de la realidad cósmica. Cuando alguien logra definir un concepto «intuido», expresándolo u objetivándolo en el espacio y en el tiempo, tal concepto se fija estáticamente; se hace exotérico. La Ciencia profana viene evolucionando en esa dirección, impulsada inconscientemente por una dinámica de tipo esotérico que lleva a la formulación de una filosofía matemática expresada mediante ecuaciones. Es decir, a través de símbolos.

Esoterismo y exoterismo no son, en suma, sino dos aspectos de la vía de acceso al Conocimiento. El conocimiento no iniciático, limitado al «programa» de análisis racional de secuencias de datos correspondientes al plano físico —que podemos ampliar mediante técnicas cada vez más sofisticadas, pero no ilimitadamente—, puede llevar a la extensión de este tipo de cultura inmanentista a amplios sectores sociales. Sin embargo, su validez final estará condicionada por la medida en que sirva para aproximarnos a nuestra «realidad» dentro de un Principio cósmico del que somos expresión interactiva.

La misma participación del Hombre en el Universo responde al principio de solidaridad, que pasa, de ser una aspiración filosófica, a ser definición de la interacción cierta de todos los elementos que integran la realidad. Todo es, de hecho, solidario de todo, integrándose elementos contradictorios coexistentes.

La Simbología masónica representa un intento de sintetización adaptado a ciertos presupuestos psíquicos humanos. Nuestra mente extrae del gran fondo universal, en condiciones o estados de conciencia determinados, muchos más datos de los que nuestros sentidos ordinarios nos transmiten. Las percepciones (doxa), conformadas mediante el análisis racional, tienen un efecto «impulsor» y actúan en nuestra mente desencadenando conexiones, que llamamos «psíquicas», con los arquetipos del mundo energético que nos rodea. Existen técnicas o métodos para ejercitar esa facultad, común, en principio, a todos los hombres.

Nuestro cuerpo constituye un complejo microcosmos del que, en el mejor de los casos, la mayor parte de nosotros sólo tenemos una idea global que nos permite una muy simple descripción de ciertas funciones corporales. La Medicina estudió durante siglos la forma de aliviar las disfunciones físicas y paliar el dolor, especialmente en Occidente, donde durante los últimos doscientos años las soluciones «descubiertas» venían pasando sobre todo por la amputación (cirugía) y la compensación bioquímica (farmacología), ignorando hasta hace poco la etiología profunda de las dolencias y la influencia de los campos electromagnéticos. La pérdida del concepto «sagrado» de la relación en que se halla nuestro cuerpo con el resto de la realidad, de la que es manifestación, y la ancestral intuición de esa realidad ha hecho que perduren (y que aún hoy proliferen) los practicantes de una Medicina paralela testimonial, cuyos fundamentos se anclan en una concepción integral del hombre-energía y en la interacción analógica de principios activos que simplemente se presumen «irracionales».

Es ese concepto de interdependencia el que se desprende de los símbolos masónicos. El valor metodológico del simbolismo reside en la capacidad «transmisiva» de ciertos símbolos que llamamos esotéricos por ser expresión de principios superiores a partir de una apariencia o aspecto externo que evoca, en un primer examen, tan sólo ideas elementales. La fijación consciente del concepto superior al que llegamos a través del símbolo se convierte en un modelo psíquico «motor» de nuestra actuación.

Edouard Plantagenet toma como ejemplo la ideasímbolo de Solidaridad concebida como disciplina y no como «ideal», incorporándola a la serie de reflejos normales que el método masónico persigue:

> Podemos observar, por ejemplo, el caso típico del profano que, sometido a la influencia exotérica (externa) de las religiones positivas, considera la palabra «solidaridad» como sinónimo demagógico de «caridad». Practica esta última por superstición, sin alegría real, con objeto de ganarse la benevolencia de Aquel que habrá de juzgarle «a la hora de la muerte». Se trata así de una idea de origen externo, adoptada provisionalmente en el curso de estados afectivos transitorios, aunque frecuentemente repetidos.
>
> Sometido a iniciación, este profano, a menos que sea específicamente refractario a toda espiritualización mental, no tardará en admitir que la solidaridad no es sino prolongación, en el plano moral, de la interdependencia económica y social de los hombres que viven en sociedad. A partir de esta convicción, y sin abandonar sus móviles, practicará la ayuda mutua o solidaridad-deber para ganar su parte de las ventajas que pueda obtener, y como ya no se trata de ofrecer «un sacrificio a Dios», sino a los hombres, lo hará con mayor o menor ostentación, razonada y conscientemente.
>
> Sin embargo, si el concepto elemental de interdependencia que se desprende del esoterismo simbólico es asimilado correctamente, dará paso al concepto superior de «unidad»... le veremos manifestarse socialmente, no por la práctica del móvil solidaridad-deber, sino por la semiinconsciente de la solidaridad-instinto.
>
> Por ello, opino que la solidaridad no debe ser, en Masonería, sino una disciplina para el Aprendiz y no un «ideal». Franqueada la primera etapa iniciática, debería incorporarse a la serie de reflejos normales del masón y convertirse, a pesar de él mismo, e incluso contra sí mismo, en la ley natural de su vida*.

---

* Plantagenet, E.: *Causeries initiatiques en Loge d'Apprentis*. Dervy, París.

Desde el punto de vista masónico, el Hombre integral es parte de la Gran Arquitectura Universal. La Masonería transmite la Tradición recogida en las escuelas iniciáticas de la Antigüedad, plasmada, en Occidente, en el pensamiento platónico-pitagórico de manera específica. Los rituales recogen símbolos de meditación de los entonces llamados «pequeños misterios», también recogidos y reestructurados por el simbolismo alegórico cristiano. Las formas sensibles de la simbología masónica (verbales, gráficas y mímicas) superan las contingencias culturales transmitiendo conceptos perennes, esenciales por cuanto nuestra mente accede a través de ellos a la idea-esencia.

VII. ¿Somos «liberales»?

COMO todas las instituciones de este mundo, contiene la Masonería una pequeña panoplia de «corrientes» o tendencias resultantes del debate interno, conciliadas en el común substrato de humanismo fraternalista que caracteriza a la Orden.

La Francmasonería universal está integrada por grupos de «talleres» o logias que se unen en macroestructuras administrativas llamadas «obediencias». Algo así como las conocidas «órdenes religiosas» dentro de una misma «iglesia». De acuerdo con lo que podrían llamarse «definiciones» básicas masónicas (que la Masonería anglosajona denominó «landmarks»), cada Obediencia tiene un territorio propio en el que desarrollar sus trabajos, coincidente con las fronteras oficiales de cada país, salvo en aquellos casos en que en alguno de ellos no exista Obediencia establecida. La dinámica natural llevará a la «nacionalización» de las «colonias» masónicas creadas a iniciativa de obediencias procedentes de otros territorios, como es lógico.

Las obediencias se mueven, en cada país, dentro de las coordenadas sociales concretas que pueden caracterizarle, tratando siempre de reflejar en la sociedad los valores permanentes de la filosofía masónica, puesto que ésta es la aportación positiva que justifica la existencia de la Orden. Ni que decir tiene que las obediencias, como organismos vivos, están periódicamente sometidas a las influencias de las grandes corrientes de pensamiento que estimulan la vida social.

La institucionalización de la Orden, ocurrida en los albores del siglo XVIII, coincide con el brote de nuevas inquietudes que habían de llevar a las sociedades europeas durante aquel siglo al fortalecimiento de los derechos del individuo, como ser humano y como ciudadano (no mero súbdito). La especulación masónica había de centrarse, pues, de modo preferente, en la investigación que estaba demandando la sociedad profana, tratando de transmitir la necesidad de conformar al individuo con la Naturaleza. Durante el siglo XIX, el acento recae en las aspiraciones de los colectivos sociales (nacionalidades de ciudadanos libres) y la Masonería tiene que aportar también su mensaje, señalando la necesidad de proyectar la Virtud, como conquista individual madura, en una sociedad más fraterna capaz de facilitar a sus hombres el desarrollo de la propia identidad.

Ninguna institución histórica puede honradamente lanzar la primera piedra ni rasgarse vestiduras ante errores que puedan ser atribuidos a miembros de la Orden comprometidos en empresas como las apuntadas. La actuación de los masones en medios sociales constreñidos por circunstancias imperativas ha podido muy bien desvirtuar transitoriamente esfuerzos sinceros encaminados a metas filosóficamente válidas. El liberalismo decimonónico, acrisolador de logros obtenidos por una burguesía dinamizadora de las sociedades europeas, parecía la panacea histórica cuando sólo era preámbulo de un desarrollo que sigue en marcha en nuestros días.

Por efecto del mimetismo descrito, aparece durante el último tercio del pasado siglo la denominación de «Masonería liberal», aplicada a la corriente reformadora surgida en el Gran Oriente de Francia. Esta Obediencia suprimió, en su Constitución de 1877, la definición de la existencia de Dios y la inmortalidad del alma como principios esenciales masónicos. Veamos lo que al respecto afirma el Gran Comendador del Colegio de Ritos de Francia, Francis Viaud, en su introducción a una de las últimas obras de Joannis Corneloup:*

> No se trató, en absoluto, de afirmar un ateísmo negador de la divinidad, como tendenciosamente se ha hecho creer. Fue la constatación, pura y simple, de que el ideal masónico podía basarse sobre algo que no fuera un «credo» absoluto y de que, por el contrario, era necesario proclamar la absoluta libertad de conciencia y asegurársela a cada francmasón.
>
> Que el símbolo del Gran Arquitecto del Universo haya caído poco a poco en desuso en el Gran Oriente de Francia, sin haber sido nunca explícitamente abolido, es cierto. Que perdura incluso en la federación que reúne los diversos ritos practicados en el Gran Oriente, es también cierto.

Viaud aclara, además:

> En el fondo, esta invocación al Gran Arquitecto, si se entiende susceptible de libre interpretación, confirmaría el valor del Simbolismo. Podría ser enriquecedora en ese sentido, sin peligro de «contaminación» para nadie. Pero lo dramático es que algunos desean, a toda costa, erigirla en un dogma intransigente.

Así pues, la postura del G.O.F. representa un sí y un no a la invocación del Gran Arquitecto del Universo en los rituales. Un «sí» por cuanto no se pretende negar conceptualmente el Principio, y un «no» en la medida en que se pueda pretender definirlo dogmáticamente.

Opino que la inserción y eliminación de apostillas constitucionales se identifica con una actitud muy característica del momento histórico en que se suscitó este

---

* J. Corneloup: *Je ne sais qu'épeler*. Editions du Borrego. París.

debate. Lo prudente no es llamar «liberal» a un celo «constitucionalista» que, a sensu contrario, puede llegar a ser pretenciosamente definitorio, si no de conceptos, sí de posturas que se radicalizan muy a menudo, separando y no «uniendo lo disperso», contrariamente a otro de los más entrañables principios masónicos.

Lo «liberal», en Masonería, no puede ir más allá de la propia esencia masónica, so pena de transformar la Institución recibida en otra cosa. Nunca pretendió la Orden llegar a definir dogmáticamente al Gran Arquitecto. La misma cuidadosa elección del nombre pone de manifiesto el expreso deseo de rehuir designaciones convencionales cargadas, casi siempre, de intención dogmatizante. La única alternativa masónica al nombre de Gran Arquitecto del Universo es el impronunciable tetragrama hebreo, precisamente por el absoluto simbolismo implicado en el hecho de que se desconozca incluso su pronunciación.

La así incentivada radicalización se ha manifestado inexorablemente en la erección del estandarte de la «regularidad» como enseña de una supuesta ortodoxia que en modo alguno queda patentizada por la afirmación de la «existencia» de Dios, que, como indica Viaud, tampoco es explícitamente negada por los llamados masones «liberales».

Lo que parece necesario es unificar criterios respecto a la naturaleza de la investigación masónica. El método de iniciación en el Arte Real parte de que de la Unidad surge la Pluralidad, y que la reunión de «lo disperso» lleva a la integración en el Uno. Nuestros rituales utilizan el Número como última referencia común de los símbolos. Éstos son «sintemas» que representan una pluralidad de valores que van siendo desgranados por comparación analógica para desarrollar la capacidad intuitiva. De modo que la metodología masónica va de lo esotérico (los posibles contenidos no evidentes del símbolo) a lo exotérico (formulación o exteriorización «racional» de esos contenidos intuidos). Nuestros procesos internos de análisis no admiten dogmatismos que encadenen el pensamiento determinándolo *a priori*, pero sí dependen del método y de la voluntad investigadora que nos anime. Si lo que la fórmula llamada «liberal» pretende es liberalizar el concepto del Uno y su forma de actuación en lo Múltiple, creemos que las primeras Constituciones masónicas fueron ampliamente liberales. Es preciso, tan sólo, valorarlas teniendo en cuenta circunstancias de tiempo, lugar y lenguaje. Cuando se afirma que el nombre del Uno es inefable por encerrarlo todo, se está evitando cualquier definición dogmática.

Si lo que realmente se pretende es negar la función iniciática la Orden, reduciéndola a una cofradía de gentes de buena voluntad (en el mejor de los casos), que persiguen tan sólo contribuir al avance social en términos «ilustrados» y «progresistas», nos hallaremos ante una «curiosa» institución más.

La función iniciática quedará igualmente desvirtuada si en lo que se insiste es en identificar razón y conocimiento. Sería algo así como identificar un gran lago con el río o los ríos que a él afluyen. En la enseñanza iniciática comparada, la razón cataliza, identifica y ordena los datos que llegan hasta nosotros en un universo interactivo y puede funcionar en claves diversas, que corresponden a otros tantos estados de conciencia, rindiéndose diluida en el lago de nuestro ego profundo, que a su vez está inserto en esa gran realidad universal que llamamos el Todo. Gran interrogante, ciertamente, hacia el que queremos avanzar mediante una disciplina del espíritu que llamamos Iniciación. Nuestra vía simbólica busca lo que hay detrás de las meras apariencias «racionales» percibidas a través de los sentidos, saltando intuitivamente hacia el «fondo» de la realidad como atraídos por esa misma «fuerza» que, a escala cósmica, opera en las partículas elementales y en las galaxias.

En la praxis social se pretende, desde posturas autotituladas «liberales», emparejar la Masonería con un laicismo también necesitado de matizaciones. La Francmasonería ha propugnado siempre un laicismo inspirador y perfeccionador del Estado de Derecho, nivelador de las oportunidades de todos los ciudadanos sin coacciones ideológicas de cualquier signo, porque ése es el presupuesto básico para el desarrollo de una sociedad fraternal que facilite (al menos) la evolución individual. La actitud de algunos «liberales» puede, también en esto, parecer anclada en circunstancias históricas muy concretas cuya reaparición, es cierto, debe ser evitada. Laicismo no equivale a «anticlericalismo» en una sociedad en la que ningún clero pretenda imponer un orden social mediatizado por determinantes dogmáticos que no fluyen de la propia naturaleza de las cosas. La sociedad necesita catalizadores ideológicos en su devenir histórico. Las religiones positivas son también, en cierta medida, ensayos de simbolización, con el inconveniente de haber esclerotizado sus símbolos aprisionándolos en definiciones dogmáticas que sus propios custodios se ven obligados a revisar, arguyendo, en definitiva, que el «dogma» se va desdoblando en la plenitud de su significado. No hay iniciación a nivel personal, sino desarrollo de un esquema prefijado a partir de la aceptación de determinadas «verdades» que han de constituir las únicas herramientas de trabajo. Las alegorías religiosas representan, esencialmente, el acatamiento previo de conceptos sacralizados.

Alcanzar las «conexiones» que permiten acceder a nuevos estados de conciencia es lo que en Masonería llamamos «ir más allá» iniciáticamente. La iniciación individual exige un análisis permanente de la propia experiencia y una disciplina de «ascesis» que la diferencian del simple fenómeno «místico», en el que el individuo, por condicionamientos personales concretos, y previos a cualquier concienciación iniciática, parece tener una vía de aproximación propia a planos vitales no buscados deliberadamente. Sin embargo, cualquier formulación religiosa realmente sentida como «puerta» hacia otras dimensiones de la Realidad puede ser útil como primera etapa de una voluntad iniciática.

Por ello nos preocupan la educación y los métodos educativos. La Masonería es liberal desde su cuna por cuanto propugna la solidaridad entre los hombres como cultivo indispensable para el progreso de cada uno y del todo social en el que se integran, considerando que esa solidaridad es la expresión «laica» del verdadero amor fraternal, al que se aspira como reflejo de la gran comunión cósmica en la que existimos.

Como simbolistas, no podemos ser indiferentes a una necesaria matización del laicismo propugnado en nuestro tiempo por sectores sociales para los que lo trascendente no existe y los ideales iniciáticos masónicos constituyen una pura entelequia. El condicionamiento materialista de la educación reivindicado por algunos, no puede llevar sino a la masificación en función de «necesidades de mercado». La ausencia de dogmatismos condicionantes exige también la de ése en particular.

Iniciación y Fraternidad universal son metas que engloban todas las posibles dimensiones de lo humano. Exigen una puesta en marcha del individuo a partir de su autoconcienciación, con un bagaje cultural que le permita participar en el esfuerzo común. Siendo evidente la delicadeza del tema, la Masonería necesita emplear criterios selectivos que no pueden identificar lo «liberal» profano con el espíritu liberal del Simbolismo. La «aplomación», o examen de las características personales de los candidatos a la Iniciación, no puede quedarse en la superficie de la personalidad ni debe verse afectada por proyecciones de prejuicios, vulgares o exquisitos, que maculen los auténticos valores buscados.

La mujer, que con el hombre forma la Humanidad, encarna simbólicamente uno de los polos universales representados en nuestros rituales por la columna de Boaz, paralela a la de Jakin, enmarcando el estrecho acceso a todas las logias. La iniciación femenina ha sido otro de los caballos de batalla del llamado «liberalismo» masónico, confundiendo, en nuestra opinión, la Iniciación como meta, con la iniciación masónica, que es, no lo olvidemos, una de las formulaciones metodológicas existentes. Tan falaz parece pensar que la Masonería, como Fraternidad iniciática, ostenta la exclusividad de la metodología simbolista, como pretender que la mujer no sea iniciable o que, siendo manifestación de uno de los dos polos universales, tenga que adaptar o camuflar su polaridad ritualmente en uno de los cauces creados por el hombre como reflejo de su propia polaridad. Los ritos masónicos han sido creados precisamente para acceder a niveles de conciencia en los que se equilibran las polaridades. Por ello, pensamos que la Analogía, como principio inspirador del Simbolismo, exige el reconocimiento del otro gran principio, el de Complementariedad, y que son ambos parámetros los que enmarcan el «diseño» ritual adecuado.

La Fuerza, la Gran Energía primordial, es el vientre potencial materno del universo, cuyo movimiento o potencia «activa» engendra las formas concretas. La tradición simbólica ha sintetizado siempre mitos divinos «maternos» junto a los «paternos», como principios diferenciados y complementarios.

«El hombre y la mujer son esencial y existencialmente diferentes. Los sexos representan manifestaciones individuales de la energía de la Fuente, y cada una de ellas necesita ser vivida plenamente a fin de producir el florecimiento único que cada uno de nosotros es. Y si bien cada uno contiene al otro en forma de semilla en su interior, cuando el proceso de maduración alcanza su expansión culminante, esa criatura andrógina que emerge no es bisexual*».

---

* Zulma, Reyo: *Karma y sexualidad*, Edit. Kier, S. A. Buenos Aires.

La «mixticidad» o coparticipación ritual de hombres y mujeres, practicada en algunas logias «liberales», parece más acorde con un alto concepto de la fraternidad humana, con el que no se puede estar en desacuerdo, que con una verdadera consideración del tema de la iniciación femenina. Éste podría ser uno de los retos de la mujer autoconsciente, que a algunos les agrada llamar «liberada»: formular una metodología simbólica occidental en la que trabajar su propia polaridad, manteniendo presente en el rito, como ocurre en Masonería, la referencia constante a la polaridad complementaria. No nos parece realista una pretendida integración masónica, adornada con verdades perogrullescas que velan el fondo del razonamiento iniciático y desconocen el auténtico significado de nuestra metodología, que es funcional.

Al simbolismo de la construcción (Masonería), que remite a la ordenación de las «formas» en los procesos cósmicos activos, podría oponerse un simbolismo de la «gestación» y de la «conservación», de inmenso contenido iniciático.

Otro de los aspectos a menudo controvertidos en el cuadro de referencias en torno al «liberalismo» masónico es el que concierne a los «altos grados».

Recordemos que la Masonería operativa contaba sólo con dos grados (Aprendiz y Compañero), a los que la nueva Orden Francmasónica añadió el de Maestro a fin de transferir a este grado iniciático la quintaesencia de las enseñanzas de los otros dos, dándoles una proyección especulativa que permitiera el avance en la progresión espiritual a la que conduce el método analógico. La idea era que, a partir de ese tercer grado, el iniciado explorase, por cauces propios, su vía de acceso al Conocimiento. Se daba por supuesto que la maestría metodológica capacitaba para todo ulterior desarrollo especulativo.

A partir de ahí el interés de algunos maestros se condensaba en temas específicos vinculados con el trabajo realizado en tenidas o reuniones de su grado, a cierto nivel iniciático. Consecuentemente, se sintió la necesidad de crear rituales adecuados, con un simbolismo específicamente adaptado al tratamiento del tema en común. La primera Obediencia de la Orden —la Gran Logia de Inglaterra— admitió con reservas la creación de un cuarto grado (Arco Real) y, sucesivamente, las nuevas obediencias europeas ampliaron la gama de posibilidades creando grados de «perfeccionamiento» y «filosóficos».

Lamentablemente, los grados parecen representar, para algunos, algo así como peldaños de una escalera cuyo ascenso sea condición indispensable en pos de la consecución del «título» final, sin el que un maestro pudiera sentirse masón «elemental». Quienes parecen tener una idea así, hacen que los distintivos de grados superiores puedan pasar, a veces, a representar meras «condecoraciones» recibidas en premio a «servicios prestados», cuando significan tan sólo la especialización de quien ya es maestro, puesto que en la maestría se contiene toda una panoplia de posibilidades especulativas que, por otra parte, desbordan ampliamente el limitado número de grados con que cuentan los principales ritos.

Podría calificarse de excesiva y desvirtualizadora la «liberalidad» con que ciertos «liberales» consideran este tema. El grado masónico no traduce sino la preocupación temática específica del «graduando» en el camino de su Iniciación personal. Es preciso, por ello, que sean órganos masónicos colegiados —como los Supremos Consejos del grado 33 o el Colegio de Ritos de Francia— quienes velen por la adecuación metodológica de los rituales y reconozcan las graduaciones así trabajadas por los maestros masones. Con ello se trata de evitar el lamentable espectáculo que puede darse cuando los grados se «otorgan», en lugar de «reconocerse». Lo que es algo más que una diferencia de matiz. Todos nos hemos sentido defraudados ocasionalmente ante más de un «poderoso hermano» infantilmente gozoso en la ostentación inoportuna de su alto grado, cuya catadura masónica nos ha parecido más que dudosa.

Podría, en fin, ser muy extensa la secuencia de aspectos del mundo y de la forma de las enseñanzas masónicas en que la corriente «liberal» tiende a subrayar la dimensión fraternalista de la Orden, dejando el gran tema iniciático reducido a un elemental código moralizante ya teóricamente asumido por la cultura profana e igualmente promovido por muy loables organizaciones mundiales.

La Orden es una Fraternidad de iniciados —o al menos de iniciandos— que ha elegido una vía iniciática simbolista de larga historia y tradición. El paso por el Gabinete de Reflexión pone de relieve, para cualquier neófito y desde ese primer momento, la temática profunda de los símbolos allí representados como exponentes de la meditación a la que invita la fraternidad iniciática en la que ingresa.

La tolerancia debe ser, en Masonería, el anhelo liberal por excelencia, dimanante de la naturaleza misma de la Orden. En esa naturaleza tiene la tolerancia sus únicos límites.

VIII. Breve reseña histórica española

SÓLO tras la Revolución de Septiembre de 1868 y la promulgación de la Constitución española de 1869, que recogía la libertad de cultos y la de asociación, pudo reorganizarse la Masonería en nuestro país. Lo hizo partiendo, ciertamente, de una tradición más que centenaria en aquel momento, como lo ilustra el hecho de que ya en 1750 el fraile-policía José Torrubia, espía del Santo Oficio que había logrado ser iniciado masón mediante perjurio, pudiera denunciar la existencia de noventa y siete logias en España, provocando la promulgación por Fernando VI, en 1751, del primer decreto condenatorio de las actividades de la Orden, con el que se secundaban las disposiciones dictadas por Benedicto XIV desde Roma*.

El Estado español no ha reconocido nunca a la Masonería una posición institucional, sino que, en sus mejores momentos legislativos, ha equiparado a nuestra Institución con «asociaciones» sometidas externa e internamente a una misma normativa general. Esta postura es, por otra parte, semejante a la adoptada respecto a las

---

* Ferrer Benimeli subraya el mero carácter testimonial del movimiento masónico en España durante el siglo XVIII, muy lejos de cuanto ocurría en el resto de Europa, poniendo razonablemente en duda la existencia de un número tan considerable de logias.

nacionalidades históricas hispanas, cuya idiosincrasia sólo ha sido legalmente aceptada por la Constitución de 1978. Ello ha tenido como consecuencia histórica el extrañamiento de la sociedad general respecto a la realidad reivindicada insistentemente por los grupos afectados, creándose una atmósfera deliberadamente negativa mediante adecuados medios propagandísticos de persuasión, que ha hecho aparecer como indeseables y marginables derechos humanos esenciales. Un catalán, un vasco o un masón entraban así en la categoría de los «malos españoles» tan pronto como intentaban subrayar su identidad. La Masonería ha insistido siempre en que su metodología iniciática tiene una formulación ritualizada y una liturgia que, aun no siendo religiosas en el sentido usual del término, responden a inquietudes humanas semejantes, dando lugar a análogas controversias.

Se ha solido poner en la «picota» el secreto ritual masónico, al tiempo que se ha defendido a ultranza el «secreto de confesión» y no se ha condenado nunca el secreto prometido ritualmente en las consagraciones episcopales católicas, por ejemplo. El Derecho constitucional de nuestra Orden es irrelevante para las leyes de «asociaciones», en tanto que el Derecho canónico ha estado siempre lejos de serlo, dentro de nuestro ordenamiento jurídico. Se reconoce, en fin, el derecho constitucional de una orden como la de Malta, considerándola soberana, a pesar de estar integrada exclusivamente por católicos que, como tales, gozan ya de una condición institucional privilegiada que salvaguarda sus características internas. El Estado tiene tradicionalmente «concordadas» amplias restricciones a su supuesto derecho de intervención en el funcionamiento interno de estas instituciones y, más aún, en cuanto se refiere a la calificación de sus ceremoniales.

Por ello no cabe sino considerar como comparativamente agravante el tratamiento legal dado a la Masonería, cuyo Derecho se desarrolla en función de principios iniciáticos ajenos a los fines y al espíritu de la legislación estatal.

Dejando a un lado el tema de la veracidad o falsedad del nombramiento del conde de Aranda como primer Gran Maestre del primer Grande Oriente de España, en 1780, lo indudable es que el Rito Escocés Antiguo y Aceptado fue introducido en nuestro país en 1808, tan sólo cuatro años después de haberlo sido en Francia, tras su consolidación como rito masónico elaborado a partir del Rito de Perfección preexistente.

El rey José Bonaparte creó en 1809 un segundo Grande Oriente y, paralelamente, nació en 1811 un Supremo Consejo del Grado 33 promovido por el conde de Grasse Tilly*. Se trataba, con ello, de eludir la tradicional influencia británica que se hallaba en el origen mismo de la masonería española, ya que fueron los ingleses quienes, durante la primera parte del siglo XVIII, fundaron las primeras logias en nuestro país**.

Las circunstancias bélicas de aquel periodo llevaron

---

* La primera logia integrada por españoles, fuera de España, fue La Reunión Española, en Brest (Francia), fundada en 1801 por marinos de nuestra Armada bajo los auspicios del G. O. de Francia. La primera logia de Rito Escocés A. y A., creada por masones españoles y franceses en esta nueva «etapa» de la Francmasonería hispana, fue la R. L. de la Estrella y tuvo su sede en los entonces recientemente desalojados locales de la Inquisición madrileña, como indica Clavel. Las tres primeras logias de aquel periodo fueron ésta y las de la Beneficencia y Santa Julia, que auspiciaron pronto un número importante de logias en todo el país, constituyendo la base del nuevo Grande Oriente, cuyo Consejo Supremo del Grado 33 presidió temporalmente Grasse-Tilly. En 1820, tras el momentáneo éxito de los constitucionalistas, se produjo la reactivación del Grande Oriente, bajo el gran maestrazgo del conde de Montijo (padre de la que luego sería emperatriz Eugenia de Francia). Más tarde sería Gran Comendador del Supremo Consejo el infante Francisco de Paula, hermano de Fernando VII, y a este nombre puede añadirse una sustanciosa lista de personajes célebres de filiación masónica ilustrando las páginas de nuestra historia decimonónica, si bien, en algunos casos, es difícil precisar la duración de su permanencia en cargos masónicos sucesivos.

** En la calle de San Bernardo se ubicó la primera logia madrileña (de «Los tres lises» o «La matritense»), creada por el duque de Wharton (ex gran maestre de la gran logia de Inglaterra), en 1728.

la pugna política al seno de buen número de logias, arrastradas por la irresistible vorágine de proposiciones ideológicas conectadas con algunos de los postulados masónicos clásicos en el terreno social. Aunque muchos, desde dentro y desde fuera, hayan querido identificar las inquietudes masónicas con movimientos político-sociales concretos, lo cierto es que sólo aquellos principios universales homologables con la naturaleza real del Hombre (física y psíquica) pueden ser considerados como «leitmotiv» de las aspiraciones de la Orden. Una equilibrada definición de posturas no debería posibilitar la desvirtuación del proyecto iniciático de Fraternidad masónica en favor de formulaciones estructurales incompatibles con una visión histórica del devenir humano. Los estrechos cauces por los que España hubo de llevar a cabo su evolución social a lo largo del siglo XIX y buena parte del XX han teñido de un peculiar «taifismo» el desarrollo del movimiento masónico.

En 1869 existía un Grande Oriente Nacional de España, directo heredero del G. Oriente inicial, con un Supremo Consejo del Grado 33 que había contado ya entre sus grandes comendadores con personajes ilustres. Se formó entonces, como rama disidente, un Grande Oriente de España de espíritu «liberal», presidido en 1870 por Ruiz Zorrilla, que también presidía el gobierno de la nación. A su vez contaba el Grande Oriente Lusitano con numerosas logias españolas bajo sus auspicios. Muchas de ellas, sobre todo andaluzas, se unieron para formar la Gran Logia Simbólica Independiente Española, como nueva Obediencia. A la lista hay que añadir un G. Oriente Ibérico, de corta vida, fusionado en 1874 con el G. Oriente de España y, también, un Capítulo Catalán.

La Restauración coincide con uno de los momentos de máximo esplendor del Grande Oriente de España que, bajo el gran maestrazgo de Práxedes Mateo Sagasta (1876-1881), contaba con más de 370 logias y triángulos, manteniendo la misma línea durante los maestrazgos de Romero Ortiz y Manuel Becerra, para llegar, a continuación, a un oscuro periodo de enfrentamientos internos que pusieron en serio peligro toda la labor realizada hasta entonces e incluso la propia existencia de la Obediencia. El Grande Oriente Nacional había visto también crecer notablemente el número de sus logias bajo la presidencia del marqués de Seoane, a cuya muerte se estructuró como Supremo Consejo del Grado 33 (1887) para exclusivo desarrollo de los altos grados masónicos, facilitando con ello la unificación de la Masonería Simbólica (que incluye sólo los tres primeros grados). Este acontecimiento tuvo lugar en 1888 gracias al dinamismo y bien hacer del profesor Miguel Morayta, reuniendo logias del G. Oriente de España que se fusionaron con otras del G. Oriente Nacional para dar vida, desde mayo de 1889, al Grande Oriente Español.

Sin embargo, y a pesar de la trascendencia histórica de la fusión, no se pudo evitar que en 1892 reapareciese de nuevo el Grande Oriente Ibérico, formado esta vez por una federación de logias disidentes del G. O. Español, nostálgicas del ánimo que había inspirado tradicionalmente al G. Oriente Nacional. Al final de la década de los 80 y principios de los 90 trabajaban simultáneamente en territorio español logias federadas dentro del Grande Oriente Lusitano Unido, de la Gran Logia Catalano-Balear y de la G. Logia de Memphis Mizraím (Rito egipcio), junto a las de la G. Logia Simbólica Galaica, fundada en 1889, y a las que operaban en las Antillas españolas.

En marzo de 1903 fue promulgada una Constitución reformada del G. Oriente Español con arreglo a la cual esta Obediencia adoptaba un sistema federativo, detentando el poder legislativo una Asamblea de Representantes de las logias federadas. Las funciones ejecutivas eran ejercidas por un consejo Federal Simbólico, elegido por periodos cuatrienales, que debía celebrar reuniones anualmente. Lo presidía un Gran Maestre también elegido en asamblea.

Por otra parte, el Supremo Consejo del Grado 33, a cuyo cargo quedaba la administración de los altos grados y de sus logias, era presidido por un Gran Comendador nombrado mediante votación de los masones de grado 4º a 33. Ambos cuerpos, federados, integraron la Federación Masónica del Grande Oriente Español, colaborando en todos los temas de interés para la Obediencia.

Bajo el gran maestrazgo del eminente jurista Augusto Barcia comenzó a considerarse la necesidad de una nueva reforma constitucional, de signo autonomista, que se llevó a cabo en 1923, creándose entonces las Grandes Logias regionales con sedes respectivas en Madrid, Barcelona, Alicante, Cartagena, Sevilla, Gijón y Tánger.

La Gran Logia Simbólica Catalano-Balear, fundada en 1886 a partir del embrión constituido por el Gran Capítulo Catalán, surgido al amparo de la Constitución española de 1869, abandonó su fuerte carácter catalanista y adoptó el nombre de Gran Logia Española (1921), extendiendo su actividad en los grados simbólicos a todo el territorio nacional, bajo la presidencia de Francisco Esteve.

Desde entonces y hasta el final de la guerra civil, ocuparon el Grande Oriente Español y la Gran Logia Española la práctica totalidad del espacio masónico del país, subsistiendo algunas otras formaciones (Obediencias) con carácter testimonial. La pertenencia a ellas de buen número de diputados de las Cortes republicanas constituyó un hecho explicable en función de la especial situación de la sociedad española durante todo el reinado de Alfonso XIII, en el que realmente se gestó el triste enfrentamiento civil de 1936. Las logias habían acogido e iniciado a profanos en un intento de salvaguardar derechos humanos conculcados progresivamente por un Estado cada vez más influido por las tendencias fascistas en ascenso. Pocos eran los posibles foros democráticos que pudieran quedar a cubierto de las pesquisas policiales, aunque sólo fuera relativamente. Tan noble empeño de colaboración social se vio politizado en manos de buen número de nuevos afiliados, claramente inmaduros en su formación masónica. Ello había de tener consecuencias dramáticas para la Orden en España.

La última reforma constitucional llevada a cabo por la Gran Asamblea del G. O. E. se produjo en 1933, bajo la euforia de una aparente estabilidad democrática en nuestra sociedad. Sólo desde el exilio mexicano habían de poder redactarse los últimos Reglamentos (1946) y Estatutos de la Obediencia.

El triunfo militar del general Franco, con la promulgación de la «Ley de represión de la masonería y el comunismo», de 1940, significó la consumación del holocausto que había comenzado en 1936. Centenares de masones y sus allegados fueron vilmente asesinados, encarcelados o forzados al exilio. Los bienes de las Obediencias fueron confiscados, al igual que los de las organizaciones sindicales libres. Los servicios de propaganda del nuevo régimen hicieron del fantasmagórico «contubernio judeo-masónico» la bestia negra del sistema, presentando la actividad profana de cualquier masón como mera cobertura de siniestros designios dictados por supuestas «autoridades» en la sombra, en una desdichada y eficaz mezcla de conceptos político-religiosos.

El Grande Oriente Español, cuyo Consejo Federal había sido acogido fraternalmente en México desde el final de la guerra civil, continuó auspiciando a las logias españolas situadas fuera del territorio controlado por la dictadura, en Hispanoamérica, Norte de África y Francia, principalmente. En 1979, año de su definitiva inscripción como «asociación cultural» en el Registro de Asociaciones, reinició la Obediencia su actividad en suelo nacional. El Gran Maestre, Presidente del Consejo Federal, Jaime Fernández Gil de Terradillos, junto con el Diputado Gran Maestre Antonio del Villar Massó y el Gran Orador Antonio García Borrajo, llevaron a cabo las accidentadas gestiones, venciendo los obstáculos interpuestos por el Ministerio del Interior (a cargo del señor Martín Villa, en aquellos momentos), consiguiendo sentencias favorables de la Audiencia Nacional y del Tribunal Supremo para realizar la inscripción de la «nueva» Asociación. En noviembre de 1977 habían quedado redactados, junto con el Acta constitutiva, los Estatutos «civiles» del Grande Oriente Español, que en aquel mismo mes dirigió a las jerarquías eclesiásticas católicas una «Memoria» exponiendo el deseo de mantener relaciones «fraternales, sinceras y respetuosas». En diciembre de 1985 fue presentada ante la Administración del Estado la demanda de devolución de los bienes patrimoniales confiscados por la dictadura (incluidos archivos y documentación histórica). Tras su paso por el Tribunal Supremo, sin éxito, la querella sigue su curso de consolación ante el Tribunal de Estrasburgo...*

En la década de los ochenta surgieron dos nuevas Obediencias españolas: La Gran Logia de España, creada mediante la independización de algunas logias catalanas que se hallaban bajo los auspicios de la Gran Logia Nacional Francesa (Neuilly), de sostenida trayectoria ascendente y en comunión con la Masonería regular euroamericana de escuela anglosajona, y la Gran Logia Simbólica Española, que se encuadra a sí misma entre las Obediencias «liberales» (no regulares), de carácter mixto (con participación de hombres y mujeres en los rituales, como opción posible para sus talleres). En 1992 surgió, finalmente, la Gran Logia Femenina de España, a impulsos de un valeroso grupo de mujeres, encuadradas hasta entonces en la colonia española de la Gran Logia Femenina de Francia.

---

* Mis informes personales indican que no se ha iniciado procedimiento alguno en Estrasburgo, en contra de cuantos rumores circularon en los medios masónicos en este sentido durante 1993 y 1994.

IX. Comentario de antaño

DE «CEREMONIES ET COUTUMES RELIGIEUSES DE TOUS LES PEUPLES DU MONDE, REPRESENTÉES ET DESSINÉES DE LA MAIN DE BERNARD PICART», editado en Amsterdam por J. F. Bernard, 1787. Biblioteca Nacional de Madrid.

El texto aquí traducido comenta el *Libro de las Constituciones*. Puesto que al final del presente volumen expongo tan sólo las «Obligaciones», como elemento nuclear de las Constituciones de Anderson, me ha parecido interesante ofrecer una visión de conjunto del contenido de las mismas resumido por un profano. Me parece digna de destacar la objetividad puesta de relieve por Bernard Picart y la ausencia de cualquier actitud en sus comentarios, que tan sólo ponen de relieve un lógico espíritu crítico. Ello contrasta con la que fuera, y parece seguir siendo, tónica general en cualquier alusión a la Masonería por la mayor parte de los autores profanos españoles, aficionados a ejercer como «desenmascaradores» y no como modestos informadores.

La ingenua exposición histórica de los orígenes de la Masonería que se refleja no es sino resultado de la recopilación hecha por Payne y Anderson de las narraciones que figuraban en los textos medievales de las cofradías de constructores (masones operativos), como los manuscritos Cooke y Regius, a los que ya hemos aludido. Los forjadores de la reforma masónica pusieron especial cuidado en evitar toda apariencia de discontinuidad respecto de la Masonería operativa. Ni la historiografía ni la lingüística habían alcanzado a finales del siglo XVII y principios del XVIII el rigor científico que empezaron a conocer en el XIX. Por otra parte, debe reconocerse que la vehemencia apologética, tanto en defensa de criterios sobre temas laicos como religiosos, se adornó muy a menudo con datos históricos fabulados y matizados al gusto del expositor. Léanse, en este sentido, las alusiones históricas que los Padres de la Iglesia y los teólogos cristianos, de todos los bandos, han hecho a lo largo de siglos en sus más insignes obras.

Lo cierto es que la Masonería no tiene «historia sagrada» en la que pretenda fundamentar cualquier tipo de dogmática, y que todos los mitos tradicionales tienen, en su metodología, un valor simbólico útil. Es esa intención la que lleva a la mitificación de algunos hechos históricos, aplicándoles retrospectivamente valores simbólicos sin que resulte esencial la autenticidad del dato. Del texto resumido por Picart se deduce pronto el paralelismo que las narraciones de los masones medievales trataban de subrayar entre lo que se consideraba historia «religiosa» y el desarrollo de su Arte, basado en la «ciencia».

Las Obligaciones (o Deberes) aparecen clasificadas en los mismos seis epígrafes o artículos del libro de Anderson y perfectamente resumidas. Concluye el comentarista exponiendo, a grandes rasgos, el contenido de los Reglamentos que forman la parte final del las Constituciones.

«P. 251. Para dar a los lectores una idea un poco más precisa de la famosa Sociedad de los Free-Masons, he aquí algunas particularidades tomadas de una obra poco conocida para nosotros, los franceses:

Primeramente se lee al Novicio, Postulante o Candidato, que se presenta para ser recibido Mason-libre, un discurso razonablemente largo que comienza demostrándole la excelencia y la antigüedad del arte de la construcción. Tal antigüedad es igual a la del mundo, puesto que Dios es el arquitecto Soberano del Universo. Al crear a Adán a su imagen puede decirse que creó al primer Masón, pues grabó en el corazón de Adán las artes liberales y, en particular, la Geometría, que debe ser justamente considerada como fundamento de la Arquitectura. Por ser estos principios innatos en el primer hombre, este padre del género humano los transmitió necesariamente a toda su posteridad. Hubo inmediatamente después de Adán casi tantos arquitectos y masones como patriarcas: un Caín, un Set, un Jabal, un Enoc, Noé y sus tres hijos, Mizraím, Nemrod, etcétera.

Las grandes colonias que se formaron después del diluvio podrían muy bien ser llamadas «colonias de masones». Pero, comoquiera que sea, no deja de ser cierto que estas colonias llevaron el arte de construir a todos los rincones del mundo, de donde se saca la conclusión de que hubo en todas partes necesidad de arquitectos y de masones para cultivar arte tan útil. No se podría tampoco dudar de que Moisés haya sido, a la vez, Jefe, Legislador, Libertador de los israelitas y Francmasón, pero cabrá aún menos duda de ello tras haber analizado la arquitectura y la belleza del Tabernáculo, esa obra maestra del arte de la construcción, de la que Dios dio el modelo a Moisés, inspirando así a aquel francmasón ilustre el más sublime conocimiento de la Arquitectura. Tal conocimiento divinamente inspirado a Moisés y los grandes progresos que éste había hecho en las artes y las ciencias que los egipcios cultivaban por entonces, fueron otros tantos méritos por los que este hombre llegó finalmente a la dignidad de Gran Maestre de los francmasones.

Lo que indico aquí no es más que el comienzo de un discurso de alrededor de cincuenta páginas, acompañadas de observaciones tan singulares como el texto. Se menciona que todos los israelitas pasaron de pastores a masones durante su cautiverio egipcio. Que este pueblo, al huir de Egipto, formó, por así decirlo, una «república de masones» gobernada por el Gran Maestre Moisés; que el arte y la cofradía pronto se extendieron y ganaron a los cananeos, vecinos de los israelitas, que produjeron la nueva obra maestra que fue el templo de Dagón, destruido después por Sansón, el gran héroe hebreo, que habría merecido el honor de ser francmasón si hubiera tenido la dicha de saber callarse; que la maravilla que fueran ese templo y todos los edificios que por entonces había en Tiro, Sidón, etc., palideció cuando el gran maestro Salomón realizó el templo del verdadero Dios en Jerusalén.

Tras ello, la Arquitectura y los francmasones hicieron progresos extraordinarios entre todos los pueblos del mundo. Los soberanos de las naciones se convirtieron en los grandes maestres de las logias que en ellas establecieron. Pero es inútil seguir al autor del discurso en todas estas bellas investigaciones y baste con decir, en dos palabras, que los ingleses, en su calidad de pueblo libre y dotado de talento propio para crear francmasones, fueron como predestinados por el Cielo para recoger los restos de una Cofradía que había sido enormemente floreciente entre los griegos y los romanos, sobre todo desde el siglo de Augusto, Gran Maestre de los masones de Roma.

Los deberes del francmasón se reducen a seis principales temas, que exponemos:

1. Respecto a Dios y la Religión.

Sólo se le exige observar inviolablemente la Ley Natural y todo aquello que nos prescriben las ideas de Dios y de Virtud en general, sin entrar para nada en detalles de controversias u opiniones particulares.

2. Respecto al soberano y al Estado.

El francmasón debe comportarse como súbdito fiel, no dando lugar a sospechas de malas intrigas, ni entrando en facciones, etc. El arte de la construcción rehúye la guerra y la confusión implicadas normalmente en la rebelión y la discordia. Si algún Hermano llega a ser, desgraciadamente, culpable de rebelión, hay que lamentarlo sin participar en su crimen. Habrá que desaprobar su conducta, pero tal crimen no bastará para que se le expulse de la Logia.

3. Respecto a las Logias.

El autor de la obra nos indica que se llama así al lugar en el que los masones se reúnen para trabajar. También una asamblea regular de masones es llamada Logia, quedando sometidos a las normas de ésta tanto como a las generales de la Cofradía, de igual forma que todos los hombres, cualesquiera que fueren, tienen que decidirse a depender necesariamente de algún Estado, al mismo tiempo que reconocen las leyes generales, inseparables de la razón. Sin embargo, antes de admitir a un nuevo cofrade, hay que comprobar que es hombre libre, de edad adulta y de buena reputación. No está permitido admitir mujeres como francmasones.

4. Respecto a la Cofradía (la Orden).

Se compone de Maestros, Vigilantes, Compañeros y Aprendices. Para elegir a los Maestros no se tiene en cuenta la edad, sino el mérito. En la selección del Aprendiz hay que considerar si tiene la disposición conveniente, etc. El resto de este artículo es de poco interés para nuestros lectores y tan sólo señalaré que el Gran Maestre tiene la facultad de elegir una especie de subdelegado, que podría llamarse Vice-Gran Maestre de la Orden, y que en ausencia de su principal le representa en todo y goza de idénticos honores y privilegios.

5. Concerniente a los trabajos de los cofrades y al trato entre ellos.

Por ejemplo, no deben dañarse entre sí por envidia o por celos, ni hablarse ineducadamente, ni atribuirse nombres y motes injuriosos, etc. Por el contrario, deben guardarse recíproca fidelidad y, para fomentar mejor su unión, llamarse siempre «hermano», «cofrade», «compañero», etc. Respecto a la distribución del trabajo y honores, se recomienda expresamente que se sometan a las órdenes de sus superiores sin murmurar y sin queja, etcétera.

6. El sexto artículo prohíbe los coloquios particulares, a menos que el Maestro los haya permitido (en la Logia). También está prohibido hablar precipitadamente, interrumpir al que esté hablando, murmurar y bromear cuando se esté tratando temas serios e importantes.

Todo Hermano que haya dado cualquier queja vendrá obligado a someterse a la sentencia de la Logia, a menos que se apele a la gran Logia, debiendo entenderse como tal la Asamblea General.

Está permitido a los Hermanos divertirse, pero con decencia y moderación; sin exceso y, en una palabra, sin salirse de los límites de una honesta libertad, etcétera.

Si algún cofrade se encuentra con otro en la calle, le saludará del modo que aprendió a hacerlo (cuando fue admitido), etcétera. Pero si los cofrades se encuentran con extraños (por tales son tenidos aquellos que no son masones), tendrán que ser comedidos en sus conversaciones, no dejando escapar nada que permita a tales extraños penetrar en secretos que no deben serles nunca revelados. Y en cuanto que se tema llegar a algún punto embarazoso o que pueda dar pie a una indiscreta curiosidad, habrá que cambiar inmediatamente de tema y cuidar con precaución extraordinaria el honor de una cofradía tan respetable.

El francmasón deberá guardar la misma precaución en su propia casa, con sus amigos, sus vecinos, sus parientes y su mujer.

En cuanto a los cofrades extranjeros, deberá comenzarse por evitar sorpresas. Alguien podría decirse francmasón y llegar de convencer de ello con astucias y artificios, siendo, en realidad, un falso Hermano. Si el extranjero, tras haber sido reconocido como verdadero cofrade, se halla en necesidad, deberá ser asistido o se le facilitarán, mediante recomendaciones, los medios para que le socorran otras logias.

Se encarece, sobre todo, evitar la embriaguez. Ese vicio es tan opuesto a los misterios y a los secretos que nunca resultará excesiva la exhortación a evitarlo.

Además de estas reglas generales existen reglamentos específicos que conciernen a los derechos del Gran Maestre, de los Maestros de las logias particulares y de todos los oficiales subalternos de la Cofradía, al tiempo y orden de las reuniones y a la manera de elegir a los nuevos cofrades. Uno de estos reglamentos nos indica que no puede ser recibido masón quien no alcance la edad de 25 años, que no pueden ingresar más de cinco a la vez en un mismo día, que nadie puede pasar a ser miembro de una logia particular sino tras haberse anunciado previamente durante un mes para dar tiempo a informarse sobre sus costumbres y capacidad, no pudiendo ser admitido sino mediante la aprobación unánime de todos los Hermanos de la Logia, y que en el momento de su admisión debe hacer un donativo honrado a los cofrades presentes. El nuevo Hermano ofrece con ello, al ingresar, una especie de diezmo a Dios que, al parecer, puede ser más o menos importante, quedando esto a su propia discreción. Este dinero ingresa en la caja de la Logia y va a incrementar los fondos destinados a ayuda de los pobres.

También tienen reglamentos más detallados que regulan el mantenimiento de correspondencia fraternal entre todas las logias y sus relaciones mutuas y otros que establecen las normas de sumisión y subordinación de los miembros a las leyes de la Orden. También los hay para reconvenir, en caso necesario, a los oficiales generales e incluso al Gran Maestre y también para mantener la uniformidad de las prácticas en todas las logias.

La Gran Logia, que preside el Gran Maestre en persona, juzga en última instancia y es en ella donde se revisa el estado de las logias en general y, en resumen, cuanto concierne a la Cofradía... Omito otros reglamentos referentes a la Tesorería y a los tesoreros de la Hermandad, a lo que debe hacerse durante la ausencia o enfermedad de algún Oficial general y a la Asamblea de todas las logias de Londres, que debe tener lugar todos los años con el ceremonial y vistosidad convenientes. Se trata de una Fiesta solemne.

El Gran Maestre tiene la potestad de designar a su sucesor, pero el nombramiento no se efectúa sino con la aprobación unánime de los Hermanos...»

SEGUNDA PARTE

DEL SÍMBOLO

La imaginación, lejos de ser tan sólo la facultad de formar imágenes, es potencia dinámica que desdobla las copias concretas recibidas a través de los sentidos. Ese dinamismo reforzador de las sensaciones se convierte en fundamento de toda la vida psíquica. El símbolo posee más que el sentido artificial que se le da, porque encierra el poder esencial y espontáneo de producir «resonancia».

Gilbert Durand, *Les structures anthropologiques de l'imaginaire.*

X. *Introito*

SI Platón ha sido el eje en torno al cual ha girado toda la Filosofía occidental, en cualquiera de sus manifestaciones a lo largo de siglos, conviene precisar que el platonismo constituye el sustento y el hálito de la investigación masónica. No se trata de una simple «influencia», sino que nuestro *modus* es platónico *per se*, sin otras matizaciones que las que se desprenden de la propia definición que el Maestro hiciera de la Filosofía como proceso de investigación: «Una vida sin investigación no es digna del Hombre» (*Apología de Sócrates*, 38) y «Es la única ciencia que enseña conocimientos y muestra al Hombre cómo utilizarlos en su propio provecho» (*Eutidemo*, 288).

El tema del «Ser» constituye el punto de referencia central del pensamiento platónico. El Ser como sustancia única (la Unidad) y los «seres» como partícipes múltiples de esa sustancia vital única (lo Plural). La relación entre el Uno y lo Múltiple, sutilmente expuesta en los Diálogos (sobre todo en el *Parménides*), es una proposición necesaria filosóficamente por cuanto el Ser «es» y «existe». Si «es», siendo consciente de su existencia, tiene un concepto de sí mismo, con lo que aparecen una «dualidad» y un «devenir». Ese devenir o Movimiento es el origen de la multiplicidad y del conocimiento posible de la Unidad por parte de los «múltiples». De ahí también que el Ser Uno se manifieste y exista en los múltiples pensantes, fuera de los cuales no podría explicarse el concepto de unidad. Los múltiples, a su vez, «existen» partiendo de ese conocimiento de Unidad, sin la que no serían múltiples.

El objeto de la investigación platónica son la ideas, concebidas como modelos o arquetipos y también como causas de las cosas existentes. Para Platón, la investigación debe ir más allá de las apariencias, pasando de lo meramente percibido por los sentidos a lo «inteligible». Siendo la naturaleza universal un todo, el Hombre está dentro de ella y, por lo tanto, ninguna cosa le es ajena, ya que todas ellas están vinculadas y son «aprendibles» a través de la investigación. Las ideas arquetípicas (lo plural y lo singular, lo grande y lo pequeño, etc.) están impresas en la psique humana, preexisten al conocimiento y son accesibles a través de la reflexión íntima. Las cosas percibidas se adaptan más o se adaptan menos a los arquetipos y, en ese sentido, las «ideas» arquetípicas son generadoras, son «causas».

En el proceso de aprendizaje se establece una relación intelectual entre el Hombre y el objeto de su investigación, pero, además, el proceso implica la voluntad de investigar. Esa relación voluntaria del Hombre con las cosas y con sus semejantes es lo que Platón llama Eros.

En el *Banquete*, Aristófanes señala que el Amor nace de la tendencia del Hombre a completarse o, si se quiere, del anhelo de aquello que nos falta para completar nuestro ego. El objeto del eros es la Belleza como arquetipo, lo Bello en todos sus grados, partiendo de la belleza de un cuerpo concreto a la belleza corpórea en general y de ésta a la incorpórea o arquetípica, que se manifiesta en todas las cosas. El Amor, en abstracto, conduce la psique hacia el mundo de los arquetipos, de las «ideas» como «seres», convirtiéndose en un criterio racional de selección y produciéndose así un proceso dialéctico.

La dialéctica que guía a los hombres hacia el Conocimiento, uniéndolos en la investigación, es la clave de la fraternidad masónica. Ése es el significado simbólico de la «Luz de la Belleza» que situamos sobre uno de los tres pilares de nuestras logias. El mistagogo, Maestro de Aprendices, la tiene frente a sí recordando con ello que el amor fraternal preside la búsqueda especulativa en pos del Conocimiento.

Ignorancia y Conocimiento, Conocimiento y Sabiduría. Tales son los vértices del debate filosófico platónico en torno al Ser, e igualmente los del pensamiento masónico.

En las Constituciones de 1723 se propone la Virtud como meta de la Iniciación. Es preciso concretar el concepto de «virtud», evitando caer en deformaciones alentadas, a nivel popular, por los moralistas del conductismo. Para Platón, sólo podría pecar el ignorante, ya que el sabio, conocedor del bien, es quien tiene capacidad de elección entre lo bueno y lo malo y no es sabio quien libremente valore el mal por encima del bien. La virtud es y está en el saber. Por ello, todas las virtudes son reducibles a la Sabiduría. El sabio es aquel que «conoce» y «siente» el orden natural, y la virtud consiste, precisamente, en la inserción dentro del orden cósmico. Esa misma identificación con el bien-orden-proporción del Universo es el objeto de la virtud platónica, y la búsqueda del Bien arquetípico es la esencia de la Sabiduría, simbolizada en las logias por la «Luz» situada sobre el pilar correspondiente al Venerable Maestro.

La Fuerza, que no es violencia, sino cohesión manifestada a través de la voluntad que une todas las cosas en el Ser, es el tercer arquetipo figurado por la «Luz» que completa la escuadra simbólica formada por los pilares que adornan el rectángulo áureo de la Logia, frente al Primer Vigilante.

Accedemos al mundo de las ideas arquetípicas cuando, ayudados por un símbolo sensible, alentamos su incubación con el calor del Amor y la Fuerza del corazón. Sólo entonces, ha dicho Michelet, seremos capaces de formularlas exotéricamente.

XI. Masonería y tradición iniciática

EN su Sección 2ª (185) señala el nuevo Catecismo católico: «Quien dice "yo creo" dice "yo me adhiero a lo que nosotros creemos".» Y prosigue subrayando (186): «Esta síntesis de la fe (el Credo) no ha sido hecha según las opiniones humanas, sino que de toda la Escritura ha sido recogido lo que hay en ella de más importante para dar en su integridad la única enseñanza de la fe.» Luego, en el apartado 199, subraya: «Creo en Dios: esta primera afirmación de la profesión de fe es también la más fundamental. Todo el Símbolo (el Credo) habla de Dios, y si habla también del hombre y del mundo lo hace por relación a Dios...»

Hemos repetido que los símbolos son signos sensibles convencionalmente reconocidos. La forma del símbolo, y también la explicación o definición que de él se dé como portador de un significado esotérico permanente, puede variar en función de la realidad cultural del medio social en el que se proyecte el mensaje.

La rebelión de Adán-Eva intentando aprender la ciencia del «bien y del mal» en el Paraíso no puede ser perdida de vista como factor inherente a la condición humana mitificada por todas las grandes culturas. La rebelión implica el reconocimiento de nuestras limitaciones y la potenciación de nuestras capacidades. Cuando en la Iniciación masónica se invita a «visitar el interior de la Tierra» se nos está indicando que en nuestra «caverna» íntima debemos profundizar para conocernos primeramente a nosotros mismos. Sólo a continuación, analizando y corrigiendo, con esfuerzo, podremos llegar a «encontrar la piedra oculta», es decir, la posible clave de nuestra integración universal.

Ese espíritu de «rebelión», que horroriza a algunos, no aleja al Hombre de su encuentro con el Todo simbolizado por la idea de «Dios», de igual forma que la antigua creencia en dioses tribales o nacionales (el dios de los judíos, los dioses del Nilo, etc.) no impidió la evolución del concepto hacia un Dios universal, aunque haya sido identificándole con uno de aquéllos.

Las escuelas iniciáticas proponen la «Iniciación» como vía de acceso al Conocimiento, a la Gnosis, partiendo de un concepto integral del Hombre. Éste posee diversos medios de percepción o, si se quiere, «niveles de captación». Es interactivo por naturaleza, puesto que todo lo existente es resultado de una «interacción» universal, pasando por catálisis a distintas escalas. El carbono aparece, por ejemplo, como el gran catalizador (integrador) de otros elementos en la formación de moléculas orgánicas, impulsando determinadas formas de organización. El hecho de que la «razón» ejerza una importante misión catalizadora de las percepciones humanas no convierte esta facultad del hombre en un medio de «percepción» propiamente dicho. La razón es el impulso organizador de las percepciones, estructurándolas y sistematizándolas en secuencias determinadas. Por eso hemos podido crear «ordenadores» que imitan esa facultad, de igual forma que hemos venido creando máquinas que reproducen otras facultades físicas del hombre.

Los datos que llegan a nuestra conciencia desde nuestro entorno son siempre fragmentarios. Sólo determinadas frecuencias vibratorias tienen acceso a nuestro sistema. Sin embargo, actúan sobre nosotros vibraciones no concienciadas a determinados niveles que pueden ser activadas en circunstancias concretas. Una ejercitación de nuestros diversos niveles de conciencia es necesaria para ampliar la panoplia de posibilidades receptivas y emisoras de nuestro complejo energético.

El ingenio, la intuición analógica, que «salta» a menudo de las meras secuencias lógicas ordenadas racionalmente a planos que no guardan una evidente relación con ellas, ha guiado al Hombre en su marcha evolutiva, estimulando la «invención» de prótesis ampliatorias de su capacidad de acción y fomentando con ello, simultáneamente, la activación de nuevas parcelas de conciencia. La ampliación del espectro interactivo genera un mayor conocimiento de la realidad y, con ello, una progresiva concienciación. Nuestra conciencia es una ventana abierta gradualmente a la realidad cósmica, partiendo de lo inmediato, de lo inmanente, que nos introduce por etapas en esa gran sinfonía universal que es el Todo.

En principio, cualquier esfuerzo filosófico, incluso a nivel de formulación religiosa positiva, que contribuya con su esquema simbólico a despertar y estimular la autoconcienciación individual, puede ser premisa válida en apoyo de la especulación íntima que propone la Masonería. Sin embargo, la búsqueda de la Realidad (de la Verdad) en comunión con la naturaleza universal no admite ningún dogmatismo apriorístico. La percepción desde un plano íntimo espontáneamente alcanzado o metodológicamente inducido (mediante técnicas psicológicas) es la puerta de la comprensión que puede llevarnos a la «vivencia» o sentimiento inteligente de armonía con el Todo universal.

Esa forma de acceder al Conocimiento no puede ser anárquica ni emotiva. Utiliza la razón como facultad catalizadora de los datos dimanantes del mundo físico para activar nuestra capacidad de percepción en planos aún no clasificados o, simplemente, no clasificables como racionales por no corresponder a un código generalizado (es impensable someter la experiencia íntima a semejante criterio «democrático»). La Masonería es heredera de la Gran Tradición y, por tanto, transmisora de una iniciación virtual que cada masón ha de proponerse hacer efectiva para sí mismo.

En una primera etapa evolutiva, el paso del estado anímico de hombre-horda-tribu al de hombre-conciencia conlleva el cuestionamiento de su relación con el mundo físico circundante, de su grado de dependencia respecto al mismo y de su capacidad para afirmarse adivinando y creando nuevas formas a partir de lo que percibe sensorialmente. La energía vital, que impulsa la evolución de la materia y los diferentes estados en que ésta se nos presenta, es la misma que ha conformado la estructura humana y continúa actuando en ella.

El hombre que llamamos primitivo, en los inicios de su «salto» hacia la concienciación, fuera de la horda regida por impulsos colectivos dominantes, percibía en las diversas formas de la naturaleza algo así como un «ánimo» singularizador. Este talante clasificatorio, a modo de embrión «científico», fue el de las primeras religiones animistas e hilozoístas. Ignoramos en qué medida el paso a una concienciación individualizada haya podido afectar a la capacidad humana para captar ciertos aspectos o ciertas «vibraciones» de la realidad, algunos de los cuales nos vienen siendo redescritos vagamente por la investigación científica moderna, tras su «redescubrimiento» desde un plano psicosomático. Lo paracientífico, tomado en serio, ha venido al encuentro del sofisticado arsenal técnico del siglo XX, incentivando nuevos campos de investigación. Cuando, hace siglos, se dijo que la Tierra es un animal esférico, se estaban definiendo unos conocimientos y profetizando otros simbólicamente.

La ciencia profana (la que no reconoce principios metafísicos) está llegando a la obtención de datos que obligan a una revisión de la interpretación filosófica que han venido exponiendo durante los dos últimos siglos nuestros «progresistas». Lo que la nueva Física y la

Mecánica cuántica parecen haber descubierto como «paradójico» hace reflexionar sobre la trayectoria hacia lo «sutil» emprendida por ciertos científicos en un avance por terrenos tradicionalmente considerados esotéricos. Las escuelas iniciáticas no menosprecian esa línea de acceso al conocimiento, pero no basan en él su metodología. Tampoco comparten la convicción de que la experimentación en parcelas sucesivas de la realidad sensible sirva prácticamente a los hombres para alcanzar cotas auténticas de intelectualidad superior.

La Microfísica cuántica tiene de nuevo en cuenta el «ánimo» del fenómeno observado para deducir estadios subsiguientes sólo mediante cálculo matemático, ya que la observación directa se dictamina como imposible por ser incompatible con la propia naturaleza de la partícula o forma energética analizada.

¿Cuál es la actitud masónica en esta encrucijada del devenir histórico? En función de su propia esencia, la Masonería no puede sino ser fiel al contenido de la tradición que asume. Es «tradicional» porque ha «traído» hasta hoy las viejas enseñanzas que llevan hacia el Conocimiento, insistiendo de manera específica en su aplicación para la construcción de una sociedad humana fraterna que facilite el desarrollo individual. Simbólicamente se apoya en el «espíritu de equipo» de los masones operativos históricos, unidos para edificar, con piedras bien labradas, sólidos templos románicos y góticos y, aún más allá en el tiempo, robustos monumentos arquitectónicos cuya realización sólo fue posible mediante una inteligente observación de la Naturaleza, respetando el «ánimo» del mundo físico en el que se movían para extraer de él formas nuevas practicando una disciplina de avance gradual, plasmada en códigos ritualizados para su mejor transmisión.

Pero el concepto iniciático del Conocimiento no es meramente tributario de los conocimientos generales exotéricos, que pueden quedar expuestos a veleidades históricas. El proceso de concienciación no viene dado en función de un mayor o menor cúmulo de conocimientos profanos adquiridos, aunque la cultura sea una de nuestras aspiraciones fundamentales, ni en función de la posición social o familiar, aunque luchemos por una sociedad más armónica en la que se facilite el derecho a la autorrealización. La Gran Tradición, recogida en el simbolismo masónico, vierte en el doble misterio de «muerte y resurrección», en torno al que gira de manera especial el tercer grado, la esencia de su especulación central.

Esa Tradición transmite una cosmogonía, una explicación del Universo, que también han heredado, y expuesto fragmentariamente, las grandes religiones positivas. Pero la Tradición en sí no implica ninguna postura religiosa que no sea la que se desprende etimológicamente del término «religión», como designación del vínculo existente entre el Hombre y el Universo del que forma parte. Lo que se transmite es un Conocimiento alcanzado por miles de personas que logran acceder a un estado de conciencia determinado, poniendo en contacto su ego (su «yo» profundo) con la realidad cósmica. Por otra parte, esa misma Tradición enseña que el acceso a la Realidad (o a la parcela de ella a la que nos es dado acceder como humanos) es posible mediante métodos también aprendibles. No se trata de algo que puedan afirmar interesadamente unos cuantos privilegiados. En todo caso, se trata de un privilegio con puerta abierta al Hombre.

Ondas hertzianas, rayos ultravioleta, rayos gamma, etcétera, son, sin duda, vibraciones reales que actúan en nosotros, pero que no hemos identificado con nuestros sentidos ordinarios, sino mediante inducción-deducción a partir de datos elaborados racionalmente o inspirados, a menudo, por la intuición, que nos ha permitido llegar a crear instrumentos-prótesis adecuados.

Para Platón, el mundo de los Arquetipos era percibido «en el mundo cotidiano de las experiencias sensoriales conectado por una sutil entidad a la que llamaba Mundo del Alma. El filósofo Walter Mayerstein liga el concepto platónico del Mundo del Alma con el moderno concepto de teoría matemática, siendo ésta la que conecta nuestras experiencias sensoriales con los principios sobre los que se yergue el Universo y la que proporciona su comprensión. En la era moderna también Einstein insistía en que nuestras observaciones directas de los sucesos que se producen en el mundo no son, en general, inteligibles, sino que deben ser relacionadas con un sustrato teórico». El mensaje de la Naturaleza «...nos es comunicado por vía de lo que llamamos teoría científica»*.

El Todo universal es el origen de cuanto existe y en él se contiene necesariamente toda la inteligencia del cosmos. Tanto las partículas, a nivel microcósmico, como las galaxias, en el plano macrocósmico, manifiestan «procesos» rítmicos, tendencias activas integradoras y disgregadoras. En esos procesos y tendencias (que en lenguaje específicamente científico tienen nombres propios) se manifiesta lo que llamamos «memoria». La memoria activa revela un código inteligente que es el arquetipo de lo que humanamente llamamos «inteligencia». Ese principio rige la evolución de la energía en todas sus formas dentro de lo que consideramos nuestro Universo.

La Gran Tradición, recogida en los últimos milenios por las culturas indoeuropeas, transmite que esa Energía-Memoria-Movimiento que se manifiesta en todas las cosas es la Gran Tríada que constituye la Unidad en la que todo está contenido y que ha venido recibiendo diversos nombres. La Memoria-Conciencia universal, con Potencia activa, engendra el Flujo energético generador y «animador» de todo cuanto existe. Tanto el gnosticismo helenístico —del que es también tributario

---

* Paul Davies: *La Mente de Dios.* Ed. Mc Graw Hill.

el cristianismo «patrístico»— como la filosofía hindú de los Vedanta sistematizaron una complicada escala de conceptos en torno al Uno y al Uni-verso emanado de él. Aquellas valoraciones simbólicas van siendo exoterizadas y «desdobladas» a través de la Historia y están encontrando, en nuestro tiempo, su expresión matemática. Es la interpretación especulativa de esas ecuaciones la que reconduce a la Filosofía que entronca con la Tradición conservada en el Simbolismo.

Si la Filosofía se caracteriza por la investigación lógica y libre en busca de la Verdad, el pensamiento masónico viene desgranando el contenido del mensaje de la Gran Tradición con talante «alquímico». Ello significa partir de una relación efectiva entre el observador-investigador y el fenómeno investigado, negando valor absoluto a las apariencias y yendo más allá de ellas. En nosotros reside una parte del mismo flujo vital que anima cuanto observamos. Lo que llamamos «espíritu» es la forma energética participante de lo que hemos llamado Conciencia universal, «vitalizadora» y estimuladora del mundo de las formas concretas que percibimos a través de nuestros sentidos. Tal vez sea ésta la definición del «sustrato teórico» con el que habría que relacionar nuestras observaciones, como proponía Einstein.

XII. *Simbolismo iniciático*

ETIMOLÓGICAMENTE, la palabra «símbolo» (del griego syn-bolon) alude a un signo formado por las dos mitades, reunidas, de algo. El objeto representado se toma como signo figurativo de otro, en función de una analogía que puede ser percibida espontáneamente o bien ha sido convencionalmente admitida por los miembros de un grupo cultural determinado. Este último sería el caso de las ecuaciones o formulaciones matemáticas, por ejemplo.

Así es como definen el símbolo algunas enciclopedias, dejando el concepto insuficientemente delimitado respecto a los cercanos de «emblema» y «alegoría», de los que el primero es la representación simplificada de una idea y, por ello, muy próximo al «ideograma», en tanto que alegoría significa etimológicamente «hablar de otra manera»; se trata de aludir a algo concreto que ya se conoce: la balanza representará la Justicia, en nuestro medio cultural, cuando nos expresamos en el ámbito del Derecho. Si la alegoría es verbal, estaremos ante una «parábola», también de significado preciso.

El símbolo asocia ideas diferentes por «evocación», y su desdoblamiento racional está en función de la capacidad de análisis que el observador haya llegado a desarrollar. Por tratarse de evocaciones íntimas, éstas pueden ser inefables o de expresión convencional desconocida por el propio observador. En tal caso, su experiencia íntima no será fácilmente «exoterizable» o lo será recurriendo a una simbología auxiliar, como puede ser el lenguaje poético.

La Gran Tradición ha utilizado el soporte de los símbolos para transmitir enseñanzas adoptando determinados signos sensibles convencionales, reconocidos en sucesivos periodos históricos por diversas civilizaciones. El idioma propio de cada grupo humano transmite conceptos universales utilizando combinaciones fonéticas diferentes, normalmente referidas al campo de lo material, de lo racional, combinando analíticamente los términos. Sin embargo, siempre ha habido palabras con específica proyección intelectiva que constituyen un acervo «sagrado» por el simbolismo específico que encierran. En este sentido son símbolos íntimamente vinculados a la evolución del Hombre, que representan, dentro de la simbología masónica, sintemas (conjuntos de valores sintetizados) de alto interés iniciático. Recordemos los «mantras» de las escuelas orientales, por ejemplo, utilizados no sólo para la especulación pre-iniciática, sino para la concentración espiritual propiamente iniciadora.

El aspecto exotérico de los símbolos, su forma sensible, depende de una realidad inmanente que ha de servir de referencia si lo que se persigue es poner al alcance de quienes estén capacitados para la iniciación elementos válidos de los que pueda partir la reflexión íntima de cada uno, en función de su propio condicionamiento. Esa realidad inmanente de referencia común, manifiesta datos sobre el Hombre y su entorno universal a los que se aplican criterios analógicos para desarrollar una intuición intelectual que pueda transportarnos al campo de lo sutil, de lo «inteligente» en su acepción profunda de «interactivante». La inteligencia real va mucho más allá de la mera capacidad deductivo-inductiva racional en la que parece querer centrarse nuestra «civilización occidental», encadenándola al uso hábil de la razón para la formación de silogismos basados en apariencias sensibles que conducen a igualarla con una forma de «progreso» utilitario, generador de «riqueza», como pone de relieve magníficamente el Maestro René Guénon*.

El simbolismo es un método para el ejercicio de la imaginación que se propone el desarrollo de la capacidad de «resonancia» íntima del iniciando en presencia de imágenes percibidas a través de los sentidos. Trabajada así nuestra conciencia, despertamos en nosotros la potencialidad intuidora de analogías característica del Hombre que nos permita llegar a identificar nuestra intimidad (nuestro ego) dentro de la interacción constante con la Realidad cósmica total de la que formamos parte. Nuestro microcosmos es análogo al macrocosmos en el que existimos, aun siendo ingente la cuantía de los aspectos de esa realidad macrocósmica interactiva ignorados por nuestra «razón». La racionalización no es otra cosa que la «exoterización», no siempre posible, de nuestros hallazgos íntimos mediante ecuaciones sintetizadoras, que, en definitiva, son también símbolos.

Todos somos capaces de «sentir» conocimientos adquiridos de esa forma en función de la ejercitación que practicamos habitualmente en nuestras profesiones u oficios. Para alguien habituado a la investigación lingüística, por ejemplo, las analogías evocadas por los signos gráficos o fonéticos, en circunstancias determinadas, provocan el «salto» intuitivo descubridor de una relación hasta ese momento no percibida. Para Einstein, es precisamente la intuición lo que relaciona las impresiones sensibles con el mundo de las «ideas», negando la existencia de un nexo lógico vinculante de otro tipo**. Por resonancia imaginativa o intuición han accedido hombres preclaros, si no a la Iniciación en sí, que requiere una conciencia-

---

* René Guénon: *Aperçus sur l'Initiation,* Dervy, París.
** Einstein: *A Centenary Volume,* Londres, 1979.

ción que no es exactamente «científica», sí a umbrales de inteligencia que han permitido la formulación de ecuaciones exoterizadoras o «racionalizadoras» no alcanzadas de otro modo.

Las escuelas iniciáticas, en Oriente y en Occidente, han utilizado los símbolos para sugerir concatenaciones de ideas, complementarias entre sí, que permiten el gradual acceso a estados de conciencia «mutados» a partir de una sensibilización del individuo. Esta sensibilización es la que marca el comienzo de la «iniciación» efectiva o, si se quiere utilizar un término familiar en la tradición masónica, «iniciación operativa» y no meramente virtual. La simple especulación en torno a los símbolos, la reflexión racional explicativa de las posibilidades «evocadoras» que contiene un símbolo, no es más que la preparación que el iniciando puede emprender para encontrar su propia clave de iniciación personal siguiendo la metodología simbolista. Si no se pasa de la especulación a una forma de «realización» interior, el iniciando sólo recibirá una parte de la transmisión tradicional, suponiendo que esa aportación le llegue a través de maestros regularmente iniciados en la cadena de la Gran Tradición, aunque lo estén también de forma meramente virtual.

El simbolismo, dice Jules Boucher*, es una verdadera ciencia, con sus propias reglas, cuyos principios emanan del mundo de los arquetipos. Sólo a través de los símbolos, ritualmente considerados, puede entenderse lo esotérico, es decir, la enseñanza dirigida a la intimidad del aprendiz. Ése es el carácter «secreto» de lo esotérico frente a la enseñanza exotérica, que expone silogismos en los que la relación de causa y efecto es evidente, sin que se requiera para su captación mayor esfuerzo psíquico que el del normal funcionamiento de nuestra memoria racional. Conviene subrayar esta diferenciación distin-

---

* J. Boucher: *La Symbolique Maçonnique*. Edit. Dervy, París.

guiendo, a su vez, el esoterismo iniciático de lo que vulgarmente se denomina «ocultismo». El esoterismo busca un mejor conocimiento de la realidad, más allá de las apariencias sensibles, un «descubrimiento» íntimo, en tanto que el ocultismo se propone alcanzar un «poder» para modificar esa realidad. Nuestro tiempo, más que otras épocas, se caracteriza por el predominio de un espíritu ocultista que instrumentaliza las ciencias, desvinculándolas de su Principio superior, que se halla en la unidad cósmica de todas las cosas, obligándolas a servir intereses concretos en busca de un «poder» del hombre sobre la naturaleza. Esa obtención de poder en parcelas diversas de la realidad física aparente, anárquicamente perseguida, corresponde a un talante ocultista o mágico en el que no importa sino la modificación lograda so pretexto de «vencer» dificultades que, en último extremo, derivan de la inmadurez humana para alcanzar un desarrollo en armonía con su verdadera identidad. De ahí la despersonalización galopante que se está produciendo en nuestras sociedades, en las que simples pulsaciones de teclados hacen vivir ilusorios poderes mágicos a individuos desprovistos de cualquier tipo de formación, empujados por sorprendentes «logros» científicos a proyectarse permanentemente fuera de sí mismos.

La Enseñanza masónica, globalmente considerada, gira en torno a la construcción del «Templo». El término designa, etimológicamente, un lugar «acotado» o separado con un propósito específico. La intimidad de cada ser humano es el primer templo natural que utiliza nuestro ego. Para conocernos hemos de eliminar las adherencias que distorsionan nuestra estructura mental, los dogmatismos que puedan determinarnos apriorísticamente. Pero el conocimiento al que se aspira iniciáticamente no es un simple «saber» científico, que es aprovechable, sino una realización de nosotros mismos tomando conciencia de nuestra integración cósmica. El microscopio y el telescopio, en cualquiera de sus más sofisticadas versiones actuales, nos muestran, de cerca, estructuras sensibles cuyas interrelaciones obedecen a principios que ninguno de esos utensilios puede «abstraer». La filosofía que se estructura a partir de esos datos está apelando, cada vez más insistentemente, a motivaciones metafísicas (mal llamadas «místicas»), reconociendo o intuyendo la necesidad de una «teoría» sintetizadora. Pues bien, esa teoría es, para las escuelas iniciáticas, la que transmite la Gran Tradición a través de sus mitos y símbolos, que hacen referencia constante a la interacción universal en masas y volúmenes, medidas y proporciones, racionales o irracionales, recogidas muy específicamente en los rituales masónicos.

Partiendo del «templo» interior, el masón podrá colaborar en la construcción del templo exterior, social, buscando la armonía con el gran templo cósmico. La utopía social masónica es la ascesis hacia una sociedad de hombres y mujeres capaces de aspirar a la Iniciación, sintiéndose habitantes de un planeta «vivo» cuya estructura está en resonancia con el resto del universo. La traducción de esa «simpatía» universal sería la solidaridad fraterna, cuya importancia subrayan especialmente nuestros rituales.

Dice el Maestro Guénon que el proceso de iniciación presenta, en sus diversas fases, una correspondencia, no sólo con la vida individual, sino también con el fenómeno de la Vida en sí, cuyo proceso de manifestación es análogo al que el iniciando debe realizar en él mismo, buscando la expansión de todas las potencias de su ser. El arquetipo del plan universal (equivalente a la «voluntad» universal) es lo que en Masonería recibe el nombre de Gran Arquitecto del Universo, y en ciertas escuelas orientales el de Tao («Gran Camino» de la tradición extremo oriental) y Vishuakarma («Gran Arquitectura» de la tradición hindú). Esta unidad, en cuanto al Principio, de las diversas escuelas iniciáticas no implica uniformidad de la enseñanza exterior, que se realiza de acuerdo con las circunstancias culturales propias del medio concreto en el que se imparte, puesto que no es sino una preparación para el conocimiento iniciático que adquiere el iniciando con su propio esfuerzo, asistido por los maestros. No existen formulaciones dogmáticas ni sistemas cerrados «aprendibles» al modo de las enseñanzas profanas.

La intuición individual es la facultad humana, no estrictamente «racional», que nos capacita para «saltar» al plano de conciencia en que la «forma» que lo cósmico ha adoptado en nosotros, individualizándose, encuentra su vía de «retorno» a la realidad universal de la que procede. Ése sería el Conocimiento iniciático, que es incomunicable, «secreto», en cuanto experiencia personal. Siendo toda lengua vulgar una forma de expresión analítica que expresa racionalmente las sensaciones, no puede sintetizar, como lo hacen el símbolo o las «palabras simbólicas» a las que nos hemos referido antes como íntimamente vinculadas al desarrollo humano, un mundo «intuido» que está más allá de las sensaciones comunes al plano de conciencia ordinario. Mediante el razonamiento lingüístico pueden alcanzarse ciertos conocimientos teóricos previos al fenómeno de la auténtica «Captación», que será siempre absolutamente íntima y personalizada. Por ello no es posible identificar la especulación filosófica ni «teológica» con la aprehensión final de los aspectos de la Realidad a que llega el Iniciado.

XIII. Rudimentos simbólicos

HEMOS visto cómo la Masonería Simbólica deriva directamente de la Masonería Operativa medieval. Ésta constituyó una muy especial asociación gremial de constructores, precisamente por no haber sido nunca una asociación formal, sino un conjunto de cofradías integradas por profesionales de la construcción que se reunían con el fin específico de llevar a cabo determinadas obras en lugares concretos. Aquellos constructores estaban vinculados entre sí por haber recibido una «iniciación» que proponía una nueva dimensión del trabajo físico. Los operativos admitían como reglas de su actuación profesional ciertas pautas, recogidas en los llamados «deberes» o «cargos», que traducían un legado filosófico y moral transmitido desde la Antigüedad por constructores iniciados en las normas de la Armonía.

En el seno de la Masonería Operativa se gestó el embrión que había de llegar a ser la nueva Masonería, que es simbólica y especulativa. De ella nos dice Edouard Plantagenet que, «sometida a las mismas leyes, vinculada a los mismos deberes, animada del mismo espíritu, da continuidad en el plano mental a la obra proseguida y realizada por la Masonería Operativa en el terreno físico. Los constructores hicieron de la armonía el fruto exuberante de la correlación metódica de los principios geométricos, y la iniciación no sólo les revelaba el secreto de ciertas leyes de las medidas y las proporciones, sino que les demostraba su carácter fatal y su valor cósmico»*.

Y es que la construcción del templo interior que persigue el masón especulativo requiere asimismo una cuidadosa selección de elementos, armonizando factores físicos, psíquicos y espirituales con ayuda de una ideal escuadra y el delicado compás de la intuición.

La metodología de los masones se plasma en rituales que emplean los signos como proyecciones de un cierto código espiritual. Si bien esos símbolos proceden, en buena parte, del utillaje de los antiguos masones operativos, su contemplación especulativa tiene como común denominador la transferencia al campo numérico, considerando que la expresión matemática es la única capaz de sintetizar, como referencia última universal, los valores funcionales atribuidos a los símbolos sensibles.

Del conjunto de rituales practicados para el tratamiento reflexivo de los diferentes temas estudiados en las logias surge el concepto global de Rito. Un Rito puede incluir un número variable de rituales, en función del número de «grados» en que se divida la iniciación contemplada por sus creadores. Es fundamental la previa valoración de un tema de reflexión como iniciáticamente adecuado. Es evidente que los criterios de selección podrían ser múltiples, dando ello lugar a una proliferación de ritos, «llamados» masónicos, que incluirían el tratamiento de un sinfín de temas.

La inexistencia de un órgano coordinador único encargado de velar por la disciplina ritual y el centrifuguismo propio de la libertad de pensamiento y de acción que ha caracterizado siempre a la Masonería, han permitido la aparición y desaparición, a lo largo de nuestra his-

---

* E. Plantagenet: *Causeries Initiatiques pour le Travail en Loge d'Apprentis.* Dervy-Livres.

toria y en el seno de diversas comunidades culturales, de gran número de ritos integrados por diferentes escalas «graduales». Como es habitual, ha habido criterios diversos y no toda la producción ritual puede ser considerada ortodoxa.

Esencialmente se caracteriza un ritual masónico por el ejercicio del análisis analógico de símbolos sensibles o abstractos. Una figura geométrica, por ejemplo, es, masónicamente considerada, símbolo sensible, y una frase o un mito son símbolos abstractos. La actitud filosófica de aproximación al mensaje contenido en el tema abstracto o en el símbolo es condicionante, puesto que la pedagogía iniciática, a diferencia de la profana, requiere no sólo la ejercitación de la razón por parte del iniciando, sino la de todas sus restantes facultades humanas en un proceso gradual que parte de la introspección o análisis de las propias reacciones íntimas ante un símbolo u otra manifestación objetiva.

Los programas pedagógicos profanos se basan en un concepto binario de exclusión recíproca de proposiciones (lo bueno y lo malo, lo grande y lo pequeño, etcétera) en el que entran en juego la inteligencia racional selectiva y la memoria. Las escuelas iniciáticas desarrollan su pensamiento partiendo de la analogía de los fenómenos en un Universo unitario, en el que el «ánimo» es homogéneo y las diferencias dependen de cantidades (quanta), dentro de un ciclo evolutivo general. Cada cosa analizada resulta de la integración de elementos o factores separables, pero sin cuya combinación el objeto estudiado no sería lo que es. El pensamiento puramente racional actúa por deducción e inducción, memorizando resultados parciales clasificados. El método analógico estimula un «salto» del pensamiento que va más allá de la simple deducción y que está en la base del avance científico del Hombre, incluso a pesar de su refutación por parte de algunos científicos convencionales hasta hace pocas décadas, en que la nueva Física está proponiendo un significativo replanteamiento de ciertos «postulados» que parecían inexpugnables. La entrada en juego de la intuición es sólo el reflejo de la analogía entre micro y macrocosmos, que se hace consciente cuando la actualizamos en nosotros mismos. Se trata del poder sugerente que los pitagóricos veían en la Geometría, que facilita construcciones mentales por aplicación de sus propias reglas. No fue simple «deducción», sino algo más, lo que pudo hacer pensar al Hermano Isaac Newton en normas de atracción gravitatoria interplanetaria a partir de la caída de una manzana del árbol bajo el que se encontró en un momento dado, como señala el Maestro Beresniak.

La metodología masónica ritualizada no apunta hacia metas simplemente culturales. Partiendo de cierto bagaje cultural, incita a la búsqueda de la Sabiduría mediante una nueva percepción de la Realidad y una activación de nuestra dimensión intuitiva, tratando de racionalizar lo «irracional» para conocer «sintiendo» el conocimiento. Se pretende llegar al sentimiento de lo trascendente, de aquello que trasciende nuestra estructura corporal y es común a todas las estructuras energéticas que nos presenta el mundo asequible por los sentidos. En suma, se persigue aprehender íntimamente la realidad de la gran Inteligencia cósmica dentro de la que existimos y somos. En este sentido, el ritual es expresión de esa dimensión «religiosa» (en sentido etimológico) que nos hace interrogarnos sobre nuestra «ligazón» o vinculación íntima con lo cósmico.

La otra finalidad de los rituales masónicos, igualmente importante, es la de activar el sentimiento de fraternidad entre los hombres que participan en la construcción, en la «gran obra». La ortodoxia tradicional ha visto en los utensilios de construcción de los antiguos masones instrumentos que reflejan actitudes y capacidades muy característicos del varón que utiliza y transforma su fuerza física con voluntad creadora. Este punto de vista no implica que la mujer sea arbitrariamente excluida de la iniciación. Es perfectamente coherente con el principio de analogía y con el de complementariedad que la mujer sea capaz de crear su propia simbología iniciática en función de la polaridad humana que representa.

En la búsqueda analítica de su intimidad, muy próxima al psicoanálisis modernamente redescubierto, el masón comparte en grupo sus hallazgos. No sólo respeta la introspección que, como él, realizan sus hermanos, sino que la apoya sincronizándose ritualmente con ellos. Esta «simpatía» es la vía de progreso del amor fraternal, que es otra forma de la inteligencia. El «secreto» masónico, al que, como algo pintoresco, se refieren peyorativamente algunos profanos, es la expresión del profundo respeto que merece la introspección realizada por cada uno en condiciones psicológicas muy concretas e intransferibles a situaciones de convivencia diferentes.

* * *

Cabría señalar, siguiendo a Raoul Berteaux, tres cauces aportadores de símbolos en los ritos masónicos más practicados:

1. La tradición judeocristiana imperante en el medio sociocultural en que se encuadra la Masonería.
2. La tradición helenística (neoplatonismo gnóstico) con nomenclatura recibida a través del Evangelio y del Apocalipsis llamado de San Juan (entre los varios que circularon bajo esta supuesta autoría en los primeros momentos del cristianismo).
3. Las aportaciones llegadas a la cultura del medievo a través de los cruzados (especialmente los templarios), que marcan una nueva toma de contacto con la Gran Tradición de las escuelas orientales, sobre todo en sus formulaciones sufíes y rosacruces, que influyeron en

el desarrollo de los estudios cabalísticos y alquimistas hasta el siglo XVII.

La mayor o menor presencia de símbolos procedentes de cada una de estas corrientes históricas depende del tema básico tratado en cada grado al que se adapte el ritual específico seguido. El conjunto de los rituales que integran el Rito aparece así como un polícromo mosaico, más que como una gama de secuencias machihembradas, cuya homogeneidad viene determinada por el talante analógico seguido en la meditación esotérica, que queda fuera del espacio y del tiempo históricos.

Todos los ritos masónicos tienen en común tres grados simbólicos en los que se alude a la construcción del «templo» interior (prefigurado en el Templo de Salomón), aplicando el principio de analogía a la relación Cosmos-Templo-Hombre y considerando la Palabra, la Escuadra y el Compás como las tres «luces» simbólicas «mayores» en el camino hacia el desarrollo del intelecto intuitivo que requiere la Iniciación.

En una Obediencia (federación de logias) pueden coexistir varios ritos reconocidos. Así, es practicado el Rito Escocés Antiguo y Aceptado por logias de obediencias diversas, con independencia de su ubicación geográfica. Lo mismo cabe decir del Rito de Emulación y del Escocés Rectificado, entre otros.

Cada ritual del Rito encierra dos aspectos: la enseñanza iniciática propiamente dicha y su forma de transmisión o expresión. La enseñanza esotérica que se estudia en cada grado recibe el nombre de «arcano» y los arcanos pueden clasificarse en cinco grupos:

1. Al grupo de símbolos verbales corresponden los arcanos o enseñanzas contenidos en las palabras llamadas «sagrada» y «de paso».
2. Al grupo de símbolos gestuales o mímicos, de expresión corporal, corresponden las enseñanzas del

gesto de «puesta al orden», el «signo», la «batería», los toques identificatorios y de contacto ceremonial, los pasos y las formas de caminar en logia.

3. Al grupo de símbolos numéricos corresponden los arcanos del número de años de edad masónica, de peldaños del Oriente de logia, de pasos de cada desplazamiento ritual, de golpes de batería, etcétera.

4. El simbolismo temporal lo expresan las horas de apertura y cierre de los trabajos de la logia (mediodía y medianoche simbólicos).

5. Dentro del grupo de símbolos cromáticos están los colores de las paredes del templo o logia, según el ritual del grado, los de los mandiles, bandas y demás elementos del atuendo iniciático.

El arcano o tema de cada grado se explica apoyando la enseñanza en símbolos correspondientes a cada uno de los diversos grupos señalados, por lo que en todos los grados se hallan estos cinco grupos, si bien su desarrollo es diferente en cada uno de ellos. La transmisión verbal de la enseñanza depende de circunstancias culturales, por lo que tiene carácter adjetivo y no sustancial (idioma utilizado, «tempo» y forma concreta de la representación ritual, etc.). Los cinco grupos tienen como denominador común el número: de luces, de golpes, de pilares, de columnas, de pasos, etc., y a los números corresponden otras tantas formas geométricas (triángulo, cuadrado, pentágono, etc.).

También ciertas palabras son utilizadas como símbolos de un arcano y representan valores numéricos que resumen la esencia del concepto transmitido, al sumarse o multiplicarse los valores parciales de cada una de las letras que las componen, en una forma de codificación simbólica cabalística. Se utiliza así la analogía entre palabra y número, patente en todas las lenguas.

Basándose en el número, el aprendizaje del primer grado masónico parte, en todos los ritos, de dos modelos simbólicos: el binario y el ternario. Los símbolos utilizados en logia de Aprendiz corresponden alternativamente a uno u otro modelo. Así se complementan analógicamente la Luna y el Sol, la Escuadra y el Compás, la Plomada y el Nivel, la Piedra «bruta» y la Piedra «tallada», Cincel y Mallete, Columnas «J» y «B»... Se trata de modelos en «oposición», cuyo análisis lleva al desarrollo del concepto de complementariedad recíproca, dimanante de la Unidad final de todas las cosas. El nexo por el que se «disuelve» la oposición, integrando sus dos elementos en una unidad conceptual, completará con ellos una «terna». Tal sería la oposición binaria hombre-mujer, disuelta en el concepto ternario de «ser humano», considerado no sólo como la suma de dos sexos, sino como resultante de dos principios interactivos.

Las tríadas o simples grupos de tres símbolos no pueden ser sistemáticamente propuestas como ternas. El Arte Real consiste en la posibilidad de «encontrar» el tercer elemento integrador de dos conceptos opuestos, y en esta ejercitación se basa el «aprendizaje» masónico. Belleza, Fuerza y Sabiduría suele ser la terna paradigmática sometida a estudio analógico en el primer grado.

La especial consideración que se da en ese grado a los números dos y tres está ampliamente fundamentada y corresponde a la inquietud especulativa que se encuentra en la raíz de todas las civilizaciones. Partiendo de la unidad, el dos significa diferenciación respecto a uno mismo, y en esa diferenciación tendemos a ver una oposición en lugar de un complemento. La búsqueda de analogías, que implica el intento de ver más allá de las meras apariencias, tiende a deshacer la «oposición» dando paso a una nueva idea. El tres simboliza el conjunto de los dos elementos complementarios integrados en una unidad final: dos más uno, o bien unidad y diferencia fundidas en un nuevo concepto trinitario que encontramos expresado en la Trimurti hindú, el Triple

Principio de la Cábala hebrea*, la Trinidad cristiana y las trinidades de las culturas arias.

Cualquier acto humano, siendo uno, comprende: sujeto activo, acción realizada y resultado de la acción o efecto. La expresión geométrica del tres —o su proyección espacial— es el triángulo, que constituye la forma más simple de acotamiento del espacio mediante intersección de líneas rectas que unen tres puntos separados. Las relaciones de sus lados y de sus ángulos ponen de manifiesto una correspondencia universal que está en el origen del pensamiento matemático. Por ello, el Triángulo masónico simboliza el fundamento de la Gran Arquitectura Universal.

---

* El concepto unitario del «Todo» contenido en el Pentateuco y en el resto de los libros del Antiguo Testamento bíblico es el gran tema de la mística hebrea que desglosan el *Sefer Yetzirah*** (Libro de la Formación) y el *Sefer ha Zohar* (Libro del Esplendor). En ellos se describe el Universo como el conjunto de manifestaciones de la Energía esencial o Principio Generador del que emana todo. Estas manifestaciones (las sefirah) parten de una tríada fundamental integrada por un Núcleo o Principio absoluto (llamado Kether o Corona) que contiene los dos principios generadores activo-masculino y pasivo-femenino (Hochmah y Binah) que representan, respectivamente, la Sabiduría y la Inteligencia universales. Las restantes manifestaciones del Uno forman otras dos tríadas derivadas de esa primera. Las tres tríadas conjugan la Armonía universal que constituye el Reino de los mundos o décima sefirah. Para la Cábala, la formación del Universo es constante y sigue pautas expresadas numéricamente. El alfabeto hebreo, compuesto por veintidós letras con un valor fonético y numérico, simboliza el poder creador de la palabra en la medida en que ésta resume combinaciones de «quanta» que determinan la formación de las cosas, identificando nombre y esencia del objeto.

** *Sefer Yetzirah*, Editorial Edaf. Madrid, 1993.

CUADRO DE APRENDIZ

La resumida descripción de los símbolos correspondientes al primer grado masónico que se hace a continuación pudiera escandalizar a quienes carezcan de una visión histórica realista de nuestro tiempo. Confío sinceramente en que serán pocos quienes así reaccionen. El aprendizaje iniciático no podrá jamás ser realizado tan sólo a través de «lecturas», por muy documentada que sea la exposición. El artículo IV de las Constituciones de 1723 lo da a entender de manera expresa.

Por otra parte, la abundante bibliografía sobre nuestro tema existente en otras lenguas hace que nuestros Aprendices dependan de traducciones realizadas por profanos, cuya escasa comprensión del simbolismo es, a menudo, lamentable. He considerado que era indispensable realizar un esfuerzo en pro de la mejor comprensión de nuestras inquietudes en el seno de la sociedad en la que vivimos, recordando, al mismo tiempo, la escasa ayuda documental recibida por la generación de Hermanos a la que yo mismo pertenezco.

Sólo la vivencia del simbolismo ritual es y será siempre «secreta».

XIV. Simbolismo básico del primer grado

TRAS haber destacado como característica del pensamiento masónico la ejercitación en la búsqueda analógica como método para el desarrollo de la capacidad intuitiva y la activación progresiva del conjunto de las facultades humanas (cuerpo, alma y espíritu), siguiendo una disciplina iniciática que se apoya en el Simbolismo, trataremos a continuación de los símbolos fundamentales que se proponen al Aprendiz masón dentro de su Logia.

Quienes han recibido una formación profana desvinculante del sujeto respecto al Todo universal, dentro de la imperante línea del positivismo llamado «racionalista», que ignora cualquier concepto metafísico, encontrarían menos distante la temática del Simbolismo si se intentase «traducir», en términos identificables con algunos de los que utiliza la cultura actual a ciertos niveles, algunas de las ideas amalgamadas en los símbolos. Naturalmente, ese empeño simplificador tiene su frontera en el hecho de que la búsqueda «esotérica» persigue, precisamente, la obtención de un Conocimiento que no se limita al que los sentidos aportan a la razón. El aprendizaje parte de análisis racionales efectuados en el estado de consciencia habitual, basados en datos de «apariencia» obtenidos objetivamente a través del estudio de la Naturaleza (de ahí nuestra apreciación de la ciencia profana), para ir descubriendo íntimamente conexiones universales que se hallan contenidas en nosotros mismos, como partes de ese Todo al que pertenecemos. El proceso esotérico no puede ser «descrito» porque pertenece al mundo del sentimiento, y el desarrollo del conocimiento que aporta es algo que corresponde individualmente a cada ser humano, trabajando disciplinadamente su «inteligencia» innata (y no cerebral). Esa inteligencia es la que alienta y mantiene la arquitectura universal y se encuentra, como Causa, en el fotón, la piedra, la planta el animal y el Hombre.

Los símbolos son representaciones sintetizadas de teorías que pueden desarrollarse de formas múltiples, llegando, por correspondencias analógicas, de lo sensible o «racional» a lo metafísico. En esa trayectoria se encuentran «aplicaciones diversas», como apunta el Maestro René Guénon al comentar el análisis matemático que hizo Leibnitz de los símbolos chinos de Fo-Hi, valorando, miopemente, tan sólo una de las posibles dimensiones de éstos*.

Por otra parte, el común origen de muchos de los símbolos masónicos y los de algunas religiones positivas, todos ellos extraídos de la misma Gran Tradición y reconvertidos, por lo general, en simples alegorías de significado único apoyando exotéricamente posiciones dogmáticas de esas formas religiosas, no debe inducir a error. En Masonería no se devalúa la riqueza polivalente de las posibles analogías contenidas en los símbolos.

Hemos indicado que los francmasones utilizamos como símbolos básicos los utensilios y elementos de trabajo empleados por los masones constructores de otro tiempo, desdoblando los valores simbólicos intuidos a partir de tales objetos sensibles. Además, desde el siglo XVIII, se integran en el Simbolismo masónico símbolos procedentes de la tradición alquimista. Al Aprendiz se le

---

* René Guénon: *Oriente y Occidente*. CS Ediciones.

muestra el carácter esotérico de elementos naturales como el mercurio, la sal, el azufre o el agua, desde su ingreso en el Gabinete de Reflexión. Recordemos que designamos como esotérico el contenido no «evidente» de las percepciones sensibles inmediatas, que sometemos a análisis reflexivo partiendo de los datos externos recibidos.

La Cámara o Gabinete de Reflexión

El primer contacto de un candidato con el Simbolismo masónico se produce durante su ingreso y permanencia en la Cámara de Reflexión. Se trata de un espacio mínimo, pintado de negro y tenuemente iluminado por una vela o lamparilla, amueblado tan sólo con una mesa y un taburete, en el que el silencio, la penumbra y la soledad invitan a la introspección.

La Cámara es la puesta en escena de la caverna platónica, provista de determinados símbolos pedagógicamente seleccionados a fin de que la atención que gradualmente vayan mereciendo del candidato fuerce a éste a concentrarse en las evocaciones o sugerencias íntimas que en él susciten, buceando en sí mismo y evitando la dispersión del pensamiento. El entorno profano en el que habitualmente nos desenvolvemos proyecta sobre nosotros, directa o subliminalmente, una profusión de formas vibratorias que provocan nuestra casi permanente «enajenación», un no estar en nosotros mismos. El miedo a lo inhabitual, a lo desconocido, tiene que ser superado mediante la concentración introspectiva en el análisis íntimo de las nuevas situaciones. Las imágenes o símbolos de la caverna representada por la Cámara de Reflexión equivalen a las «sombras», que constituían el único reflejo del mundo real percibido por el Hombre platónico.

A su ingreso en la Cámara se pide al candidato que se despoje de los objetos metálicos que en ese momento posea. En Masonería no se invita al iniciando a «renunciar al mundo», sino a buscar la armonía en el mundo. La renuncia a los metales representa la capacidad íntima de medir y valorar relativamente aquello que consideramos valioso o necesario a fin de usarlo armónicamente. En su momento recuperará el candidato esos metales.

Sobre la mesa se hallan: una jarra de agua, un trozo de pan, un platillo con sal, otro con azufre, un reloj de arena y algunos huesos. En la pared aparece, en letras blancas, la inscripción «V.I.T.R.I.O.L.», como sigla clave del significado de la Iniciación masónica. Suelen inscribirse algunos aforismos y también la imagen de un gallo y la de una guadaña.

Puesto que el paso por la Cámara de Reflexión simboliza un primer plano de la Iniciación recogido por todas las tradiciones iniciáticas, la caverna masónica refleja la «prueba» o «viaje» al interior de la Tierra, que se completará, una vez superada, con las pruebas del agua, el aire y el fuego, resumiendo el ciclo clásico de los elementos.

El agua de la jarra situada sobre la mesa es símbolo de fertilidad vital. Las «aguas cósmicas» a las que alude el Génesis (... y el Espíritu de Dios se movía sobre la faz de las aguas) representan el gran magma del que brota la Vida. De todos los elementos, tal vez sea el agua el que nos pone de relieve de forma más patente su vinculación con la gran inteligencia universal. Su «memoria» permite al agua «recordar» estructuras cristalinas que es capaz de formar en determinadas condiciones de presión y temperatura, aumentando su volumen...

El agua simbólica de la Cámara debe asociarse a la Tierra fecundada por el Espíritu, es decir, por el principio energético que actúa impulsando todas las interacciones del universo.

El pan representa la transformación de elementos, que la naturaleza nos ofrece bajo una determinada apariencia, en otros que ayudan a nuestro desarrollo obtenidos mediante el esfuerzo y la aplicación práctica de nuestra propia observación. El fuego se asocia a la cocción de harina y agua para la obtención de pan, alimentando nuestro cuerpo, que es la forma en que la energía vital cósmica de la que somos partícipes se apoya.

La sal y el azufre, junto con el mercurio —simbolizado éste por el gallo diseñado en la pared de la Cámara por ser «anunciador» del sol naciente como Hermes-Mercurio era mensajero de los dioses—, ilustran los elementos que representan los tres principios fundamentales de la Alquimia (activo, pasivo y neutro) en la interacción universal.

La relatividad del tiempo es recordada por el reloj de arena, compuesto por dos receptáculos comunicados entre sí por un estrecho conducto. Se afirma simbólicamente el principio hermético de que «lo que está arriba es como lo que está abajo». Al Hombre corresponde el esfuerzo para evidenciar en sí mismo esa realidad.

La guadaña y los huesos (o calavera) recuerdan al candidato que ha de morir al concepto profano de la vida para renacer a un nuevo estado de conciencia. El «plomo saturniano», como señala Jules Boucher, ha de transmutarse en oro.

La sigla V.I.T.R.I.O.L., en fin, resume en sí el contenido potencial de todos los símbolos presentes en la Cámara de Reflexión: Visita Interiora Terrae Rectificandoque Invenies Occultum Lapidem (visita el interior de la tierra y rectificando hallarás la piedra oculta). Sólo adquiriendo conciencia de la propia identidad, analizando y discerniendo, ordenando y rectificando las apariencias con que nuestros sentidos nos velan la realidad, seremos capaces de encontrar en nosotros mismos la materia prima del verdadero Ser, la chispa «divina» que habita en cada hombre.

«Desde el primer rito solar a la iniciación moderna, ha representado siempre (la Cámara de Reflexión) el "descenso a los infiernos" la muerte aparente que precede a la resurrección, el renacimiento a una vida "nueva"

Es el sol vencido del equinoccio de otoño elevándose victorioso de su lucha contra el demonio de las tinieblas en el equinoccio de primavera... Es toda la iniciación antigua que se daba en las mismas entrañas de la Tierra, en las cámaras subterráneas de las pirámides, en la cripta de los templos...» *

La Logia del Aprendiz

La Logia de los masones de nuestro tiempo es también un «recinto sagrado» por ser en ella donde el iniciando (casi todos los masones perseguimos la Iniciación a lo largo de los diferentes grados, pero permanecemos como iniciandos) ha de ejercitarse especialmente en la disciplina que le permita acceder a un estado de conciencia superior. Por ello, la logia o «taller» se «consagra» mediante una ceremonia ritual.

Por encima del concepto material de «logia» situamos el espiritual. Allí donde tres o más masones se reúnan invocando la Fuerza del Gran Arquitecto Universal, surge la Logia. El templo interior, que en las enseñanzas iniciáticas se ubica en el chakra del corazón, proyecta la voluntad armonizada de los Hermanos creando el espacio psíquico y atemporal en que consiste una verdadera logia o templo masónico.

Recuerdo la vívida descripción que hacía, poco ha, un muy querido Hermano recientemente pasado al Oriente Eterno, relatando sus experiencias en la Cárcel Modelo de Madrid en 1940, durante la Gran Persecución. «Nos hacíamos, comentaba Manuel López, mandiles de papel de periódico e improvisábamos los símbolos con tiza, como en los tiempos antiguos. Los celadores de presidio mostraron siempre más respeto por nuestras

---

* E. Plantagenet: *Op. cit.*

meditaciones de lo que podían imaginar quienes nos perseguían.»

Así pues, aunque existen en el mundo hermosos templos masónicos de los más diversos estilos arquitectónicos, en los que los rituales se desarrollan esplendorosamente, el auténtico fulgor de una logia es aquel que emana de los corazones unidos de los masones oficiantes en busca de la verdadera Luz. Quisiera subrayar que en esta descripción utilizo términos que pudieran parecer, a algunos, meras figuras «poéticas». Lo cierto es que cada uno de ellos alude simbólicamente a conceptos muy concretos de la enseñanza iniciática que pueden ser desarrollados hoy día, en cierta medida, utilizando expresiones puestas «de moda» por la investigación científica profana, igualmente indescifrables para casi todo el mundo, pero que tienen la ventaja de ser benévolamente escuchadas o leídas.

La palabra «logia» es de origen sánscrito y, en diversas formas derivadas, común a casi todas las lenguas indoeuropeas.

El recinto de la logia masónica es rectangular y se ingresa en él por su lado Oeste, siguiendo el modelo de los templos clásicos y a diferencia del Templo de Salomón, cuyo acceso principal se situaba al Este. La entrada «Este», en recuerdo de la de aquel Templo, está representada en las logias por la abertura central de la balaustrada que decora el espacio llamado «Oriente», tras la que se encuentra el sitial del Venerable Maestro de Logia.

La orientación Este-Oeste de los templos, independientemente de dónde se emplace el acceso a los mismos, remonta su origen al culto solar. El Sol, nuestra fuente de vida, ha simbolizado siempre un aspecto de la Inteligencia cósmica, acumulada en los fotones de su ingente masa. Su «divinización» por las civilizaciones clásicas de todo el planeta no tiene otra interpretación de fondo, por más que las teogonías religiosas, elaboradas sobre tan elocuente simbolismo, hayan podido sofisticar el tema.

La luz solar, entrando por el Este al amanecer, iluminaba el Dvir o Santuario del templo salomónico, subrayando así el significado universal del mensaje contenido en el Arca de la Alianza, en intención de los inspiradores de aquella religión. El acceso por el Oeste simboliza, en los demás casos, la marcha «hacia la Luz» que penetraba por las aberturas o ventanales que solían practicarse en el muro Este de los templos. Tal es el valor simbólico retenido para las logias.

La logia (lonja) es el «locus» latino que designaba un «lugar» del bosque, un espacio cubierto por ramajes, considerado sagrado y en el que igualmente se desarrollaban ceremonias rituales. Las logias masónicas dispuestas para el trabajo de los aprendices, compañeros y maestros masones solían tener sus muros pintados de color azul. La Masonería Simbólica recibe por ello el nombre de «Masonería azul». Sin embargo, los rituales escocistas consideran el color rojo como el propio del simbolismo masónico.

Los aprendices ocupan sus puestos a lo largo del muro Norte de la logia, simbolizándose con ello su provisional distanciamiento del calor y luz solares, que concentran su mayor intensidad en el «Sur», donde se sitúan los compañeros y maestros (éstos opcionalmente). La «germinación» iniciática hará pasar al Aprendiz a los bancos del «Sur» tras su periodo preparatorio, ayudados por la energía que sobre ellos proyecten aquéllos.

Las logias «azules» son también llamadas «de San Juan»*, en recuerdo de la solemnización ritual de la lle-

---

* La costumbre de adoptar un «patrono», común a todas las cofradías gremiales del medievo, se remonta a idéntica práctica existente en los antiguos «collegia» paganos. Los constructores (pontífices) romanos estaban bajo la advocación de Jano (=Juan) y celebraban igualmente las fiestas solsticiales, tradición conservada, en ambiente cristiano, por los masones de oficio. La iglesia cristiana había también trasladado a diciembre la conmemoración del nacimiento del Cristo/Invicto para que coincidiera con el solsticio.

gada de los solsticios de verano e invierno que acostumbraban a celebrar los masones operativos. Ambos solsticios coinciden, aproximadamente, con las festividades cristianas de San Juan Bautista y San Juan Evangelista (junio y diciembre) que las cofradías masónicas festejaban, dentro del ambiente social en que se hallaban insertas. De ello deriva también la costumbre de colocar sobre el altar de la logia una Biblia abierta por la primera página del Evangelio según «San Juan», en tenida de Aprendiz.

Los diferentes símbolos que decoran la logia merecen un detenido estudio. Cada uno de ellos encierra una gran riqueza de analogías potenciales que abordamos sólo incipientemente.

El conjunto de lo que podría considerarse decoración de una Logia de San Juan o Logia Simbólica, que es el templo o «taller» en el que se reúnen los masones de los tres primeros grados, reproduce los símbolos utilizados por éstos para el desarrollo de sus temas de meditación. La meditación masónica no es tan sólo filosófica, ya que, si nos atenemos al significado etimológico de la palabra «filosofía», observaremos que es el de «tendencia o amor a la sabiduría». Ese talante no es sino una condición previa del masón, sin la que sería imposible su iniciación. La especulación en torno al «saber» no siempre tiene como consecuencia el alcance del Conocimiento, que es la meta iniciática. Por otra parte, el Conocimiento del Iniciado no es erudito, aunque la abundancia de datos suministrados a la razón, que es su primera herramienta de trabajo en el plano físico, pueda ser muy conveniente. La Iniciación efectiva consiste en una toma de contacto estable con lo que llamamos Inteligencia cósmica, difícil de definir en términos «científicos» profanos, aunque los avances de la Física nos estén facilitando abundantes atributos de esa Esencia última en la medida en que seamos capaces de vincularlos con la enseñanza transmitida por la Gran Tradición. Las escuelas iniciáticas no confían a la «fe» tal vinculación, a diferencia de las religiones positivas, sino que consideran al Hombre ideal (Adán Kadmon), capaz de «realizar» en sí mismo su «participación» a través de un estado de conciencia alcanzable a partir de determinadas premisas.

Los símbolos, como queda dicho, son «sintemas», en cuya traducción a niveles íntimos ejercita el iniciando su mente buscando las «resonancias» intuitivas que, en un momento dado y en condiciones psíquicas concretas, posibilitan un nuevo tipo de percepción.

Analicemos a continuación, brevemente, cada uno de los símbolos que figuran en el «cuadro» de Aprendiz que resume la temática del primer grado (fig. 1, página 146), incluyendo, por su importancia en la caracterización de la Logia Simbólica en la que se desarrolla el trabajo iniciático, sendos bosquejos del simbolismo del Oriente y del Altar, verdaderos centros neurálgicos del Taller masónico:

Tres Peldaños

En el cuadro simbólico del Aprendiz figuran tres peldaños dando acceso a la puerta del Templo. Representan las etapas indispensables en el paso del mundo profano al iniciático que forzosamente han de cubrirse: del plano físico-racional, o estado de conciencia habitual, es preciso ascender al plano astral, que es el mundo en que la energía universal moldea las formas concretas que percibimos, y de éste al psíquico-mental de los arquetipos. Son éstas etapas previas en el acceso al Conocimiento que emprende el Aprendiz, puesto que el mundo espiritual es la meta de la Iniciación efectiva, inalcanzable sin esfuerzo y dedicación metódica.

La ascesis gradual, que es la esencia de las enseñanzas transmitidas por la Gran Tradición, ha quedado reflejada también en la arquitectura y en la iconografía sagrada de las religiones positivas, cuyos altares y templos aparecen a menudo elevados sobre escalonamientos simbólicos.

Las columnas de Hiram

En los libros bíblicos de los Reyes y de las Crónicas * se atribuyen los nombres de Boaz y Jakin, respectivamente, a cada una de las dos columnas que se instalaron en el atrio o Ulam del Templo de Salomón, fundidas por el artífice Hiram Abi, de origen tirio, en el siglo X a. C. Los exégetas indican que los nombres de aquellas columnas podían corresponder a los de bienhechores aportadores de donativos para la construcción del Templo, ya que ésta era costumbre muy extendida en Caldea y Mesopotamia que aparece también recogida en la Biblia. Desde el punto de vista del simbolismo hebreo, las Columnas de Hiram representaron el «aliento divino» que guió a las tribus judías en su éxodo a través del desierto, en forma de columna «de fuego» (durante la noche) y «de vapor» (durante el día). Etimológicamente, Jakin expresa la idea de «establecer» y Boaz la de «fuerza» (fuertemente).

En el contexto simbólico masonico «J» (Yod) y «B» (Beth) representan los dos polos, positivo y negativo, cuya acción concertada, aunque opuesta, genera la Vida. Yod es, en hebreo, la letra con la que se nombra el miembro viril, y Beth significa casa, hueco y, figuradamente, «vagina». Ambas columnas integran, pues, la unidad de esos dos elementos complementarios. Las dos eran idénticas y huecas, utilizándose su espacio interior, al parecer, para quemar incienso y otras esencias aromáticas propiciatorias de un ambiente adecuado para la meditación.

---

* Reyes, 1-7 y 2-25; Crónicas, 3, 15-17, y 4, 12-13.

Se ha cuestionado cuál debiera ser el color de las columnas. Recordemos que eran de bronce y que, en todo caso, el simbolismo que se les atribuye en las logias señalaría el color blanco para la columna «J», por representar el polo positivo o activo, en tanto que parecería correcto el rojo para la columna «B», representativa del principio o polo pasivo. Las tres granadas que figuran sobre cada una de ellas son símbolo de fertilidad, expresada en la abundancia de granos de este fruto.

Las Columnas de Hiram se sitúan en el interior del templo masónico y no en su atrio o parte exterior, como lo estaban en el Templo de Salomón. En el Rito Escocés A. y A., la columna «B» se halla a la izquierda del accedente al recinto y la «J» a su derecha. El Primer Vigilante de Logia se coloca junto a la «B» y el Segundo, Maestro de Novicios, se sitúa junto a la «J», frente a los aprendices, aunque en algunos talleres se sitúe en el centro del lado Sur, exactamente frente a sus pupilos.

El Rectángulo Áureo

Sobre las gradas, ante la puerta del Templo, figura en el cuadro de Aprendiz un pavimento de mosaico blanco y negro que, en realidad, corresponde al interior de la Logia y, de manera específica, al Rectángulo Áureo.

Se ha dicho que «puede afirmarse con razón que la Geometría esotérica se transmitió desde la Antigüedad hasta el siglo XVIII, en parte a través de las cofradías de constructores —que pasaron de generación en generación un ritual iniciático en el que la Geometría tenía un papel preponderante— y en parte, también, a través de la Magia»*. Las catedrales construidas en el medievo por los masones operativos responden al trazado de propor-

---

* Matila Ghica: *El Número de Oro* (II).

ciones áureas, plasmando en piedra conceptos fundamentales heredados del pitagorismo iniciático que había basado en el Número y la Forma su teoría del Universo. El orden cósmico se expresaba, para Ptah-Gore* y para sus iniciadores egipcios, en relaciones numéricas, proporciones y medidas.

En el centro de las logias se encuentra un rectángulo formado por cuadrados blancos y negros alternados, en forma de damero. En uno de sus vértices (Sureste) se emplaza un pilar de estilo jónico; en otro (Suroeste), un pilar corintio, y en el vértice Noroeste, un tercer pilar dórico, representando con ellos los tres órdenes arquitectónicos clásicos griegos**. Sobre cada uno se coloca una «luz», evocadora del valor simbólico ritual que la Masonería atribuye a estos pilares (Sabiduría, Belleza y Fuerza, respectivamente), formando escuadra en torno al Rectángulo, cuyo cuarto vértice corresponde a la Inteligencia o Espíritu Universal, sin representación sensible. La relación áurea o proporción sagrada, simbolizada en el Rectángulo de las logias, es la razón de 1 a 2 existente entre sus lados, que corresponde a la división de una línea recta en «razón media» y «extrema razón», a partir de la cual es posible el cálculo de proporciones entre los lados del triángulo, del rectángulo, pentágono, hexágono, tetraedro, pentaedro, etc., en la gama geométrica euclidiana.

El damero central de la Logia es uno de los símbolos de mayor densidad analógica y representa, iniciáticamente, la más importante formulación del código masónico. En un primer examen simboliza la fraternidad universal por encima de las diferencias y de los compartimentos

---

* Ptah-Gore = la gloria de Ptah (Pita-Goras).

** Las descripciones se refieren siempre al rito escocés antiguo y aceptado, que es el más practicado, con pequeñas diferencias de «matiz» en cada país. En este caso lo esencial son las tres simbolizaciones luminosas de la belleza, la fuerza y la sabiduría y no los tres pilares.

estancos, y por ello se forma en torno a él la cadena de unión con la que finalizan los rituales. Un segundo examen analógico pone de relieve el principio de complementariedad entre lo que llamamos «blanco y negro», materia y abstracción espiritual, inherentes a la constitución del Universo, entre cuyos estrechos límites divisorios hemos de pasar, conscientes de su existencia a derecha e izquierda de nuestro camino iniciático, que va de Occidente a Oriente, de la oscuridad enmarcada por las columnas de Hiram a la luz simbolizada por el Delta del Orto solar, manteniendo el equilibrio consciente que expresa la proporción áurea.

Sobre el rectángulo áureo extiende el Maestro de Ceremonias, al iniciarse los trabajos en Logia de Aprendiz, el cuadro o plancha en el que figuran los símbolos de la temática correspondiente a este grado masónico, poniendo de relieve el «programa» de estudios-trabajos de iniciación que le caracterizan y al que nos atenemos en estos breves apuntes informativos, de intención didáctica elemental.

La Puerta de la Logia

Puesto que el acceso a la Iniciación exige, además de condiciones anímicas y psicológicas, una firme determinación de la voluntad y una dedicación disciplinada que entraña espíritu de sacrificio, la puerta de una logia ha de ser simbólicamente «estrecha». Dice el Maestro Plantagenet, en una de sus sustanciosas *Charlas iniciáticas en Logia de Aprendiz*, que «el profano sólo ha de poder entrar en el Templo pasando por una puerta estrecha y baja, que no pueda franquear sin agacharse. Ese gesto le recordará que, muerto a la vida profana, renace a una nueva vida a la que accede de manera semejante a la de un niño que viene al mundo». Naturalmente, el símil evoca, además, las dificultades materiales reales de las ceremonias de iniciación que se llevaban a cabo en la Antigüedad, tanto en Tebas como en Menfis o en Eleusis. La realidad actual es que sólo en el ritual de iniciación se simula una puerta de esas características.

La puerta del Templo, que es, como se ha dicho, la puerta de Occidente, queda flanqueada por las columnas de Hiram. Sobre ella figura un frontispicio triangular, y sobre éste suele hallarse un compás con las puntas hacia arriba, evocando la aspiración masónica de reflexión en torno a cuanto penetra en el mundo de lo abstracto (lo que hay «arriba», simbólicamente).

El Oriente de la Logia

Todo, en Masonería, tiene un valor simbólico efectivo. La Logia se extiende de Occidente a Oriente, de Norte a Sur y de Nadir a Cenit, reproduciendo el Universo, del que es imagen psíquica. Se «acota» el espacio psíquico en un tiempo también psíquico desde el momento en que se reúnen al menos tres masones, con intención ritual, en cualquier parte (logia simple). Cinco forman una logia «justa», y siete, una logia «perfecta». La logia simple o «triángulo» debe formarse con tres maestros masones, la logia justa con cinco y la perfecta se integra con cinco maestros, un compañero (segundo grado) y un aprendiz (primer grado).

El Oriente es el punto por donde se inicia el ascenso del astro rey, transmitiendo luz y vida a nuestro planeta... El significado místico de la luz solar ha sido recogido por todas las culturas que se han sucedido en la Tierra y está en el origen del concepto «monoteísta», captando un aspecto fundamental de la realidad física puesto de relieve modernamente por la investigación científica: el fotón es la partícula elemental clave del Universo

Vamos hacia la luz desde Occidente, siguiendo el giro de nuestro planeta hacia el Este. Por ello, al fondo de las logias, cuya bóveda representa el firmamento estrellado, se alza la cátedra del Venerable Maestro, simbolizando la espera, en su propio nombre y en el de sus Hermanos, de la Luz vitalizadora e inteligente de Osiris... Esa fuerza cósmica, que actúa en todo el Universo generando y manteniendo cuanto existe, se halla especialmente concentrada, para el Hombre, en el Sol de nuestro sistema planetario.

En el Oriente, anunciando la espera, se sitúa el gran triángulo o «Delta» que simboliza la estructuración del pensamiento humano como resultado último del proceso vitalizador de la luz. Jenócrates y otros clásicos comparaban la «divinidad» a un triángulo equilátero, figurando el equilibrio de todas sus potencias. En el centro de ese triángulo se inscribe, a menudo, bien la forma de un ojo representando la conciencia cósmica, bien la expresión simbólica del nombre atribuible a la Gran Energía generadora del Universo, que, por sernos aún desconocida en su esencia última, aparece transcrita como sigla impronunciable en la versión que la tradición mosaica ha conservado en el Tetragrama. Las religiones positivas, tratando de fijar esquemas alegóricos de los postulados que consideran inalterables, han atribuido también a la Tríada o Trinidad valores muy semejantes, en última instancia. Las trinidades hindú, persa, egipcia y cristiana pueden ser ejemplo de ello.

El Maestro Boucher propone como interpretación masónica del Delta la síntesis de los principios activo y pasivo en el tiempo: la esencia de la materia es la luz, evolucionando activamente en el espacio pasivo a través de procesos integradores y desintegradores que constituyen lo que llamamos tiempo o «duración». Tal duración sería indistinguible de la «acción» de la materia, que se realiza en un espacio-tiempo. Así, la luz, que es la concreción más elemental de la materia, formaría, con el espacio, los dos lados oblicuos del Triángulo, uniéndose ambos en la base del mismo, que expresa el tiempo.

Desde la educación euclidiana (tridimensional) que caracteriza aún a nuestra cultura, nos resulta muy difícil imaginar objetos en cuatro dimensiones, integrando el tiempo. Sólo en el mundo psíquico nos movemos realmente en el espacio-tiempo, pero eso sigue pareciendo «esotérico» a quienes todavía no han podido entrar en la galopante «exoterización» de este fenómeno que está propugnando la Física cuántica. La exposición geometrista que avanza Jules Boucher al proponer una interpretación masónica del Triángulo no puede ser desechada como «algo traído por los pelos». Veamos lo que dice el investigador físico Paul Davies en este sentido:

> A resultas de los efectos cuánticos puede suceder que la estructura más probable del espacio-tiempo, bajo ciertas circunstancias, sea realmente un espacio de cuatro dimensiones. James Hartle y Stephen Hawking han argumentado que esas circunstancias prevalecieron justamente en los albores del universo. Es decir, si imaginamos que el tiempo vuelve atrás hacia el Big Bang, al alcanzarse un tiempo del orden de Planck 10^{-48} segundos) desde lo que creemos fue la singularidad inicial (compresión máxima de la materia), algo peculiar empieza a suceder. El tiempo se va «convirtiendo» en espacio. Más que hablar del origen del espacio-tiempo, por tanto, hemos de contentarnos con espacio tetra-dimensional Y aparece la cuestión de la forma de dicho espacio, o sea, su geometría. De hecho, la teoría permite infinidad de formas*.

El Altar masónico

En el límite del Oriente de la Logia, delante del sitial del Venerable Maestro, se halla el «altar», sobre el que se colocan el Libro, la Escuadra y el Compás.

De acuerdo con las «definiciones» o «cánones» propuestos por la Masonería anglosajona del siglo XVIII (que

---

* Paul Davies: *The Mind of God*. Mc Graw Hill.

ellos llaman «landmarks»), el Libro de la Ley sobre el que se presta el juramento de observancia masónica no es otro que el habitual en Gran Bretaña, desde tiempo inmemorial, para toda clase de juramentaciones: la Biblia. Posteriormente, la misma Gran Logia de Inglaterra aclaró que las logias podían también elegir otros libros considerados «sagrados», por su riqueza mística o filosófica, en las diversas latitudes.

Desde el punto de vista del Simbolismo masónico, es la Biblia, ciertamente, un conjunto de libros de gran valor en muy diversos aspectos. La estimación o interpretación de sus textos es enormemente compleja, por cuanto el sentido de muchas palabras clave, en las lenguas en que se escribieron *originalmente*, no nos ha llegado con precisión. Es inútil subrayar que las traducciones o «versiones» han sido múltiples a las diversas lenguas del planeta, correspondientes a culturas y mentalidades también muy diversas, y en periodos en los que la investigación lingüística y la documentación conocida no habían alcanzado cotas deseables. La «fijación» conceptual establecida por determinadas traducciones, dentro de un entorno cultural dado, ha llegado a consagrar errores concretos como aspectos de una «tradición» venerable.

Pero es que, además, intereses político-religiosos específicos condujeron a interpolaciones importantes en momentos históricos cruciales, que tuvieron lugar ya desde siglos antes de la era cristiana. Las dos diferentes exposiciones del proceso de la creación contenidas en el Génesis (I y II), la atribución del Pentateuco a Moisés (incluida la narración de su propia muerte) y tantos otros puntos controvertidos, parecen corresponder a situaciones directamente relacionadas con la cautividad babilónica y el retorno a Palestina del pueblo de Israel, con una nueva estructuración de poderes. No extraña, por ello, que el profeta Jeremías (Jer. 8-8) hubiera de sentenciar: «¿Cómo decís que sois sabios y poseéis la Ley de Jehová, cuando lo cierto es que la ha trocado en mentira el cálamo mentiroso de los escribas?» Inusitada afirmación, ciertamente, de gran dureza crítica sobre los libros «sagrados», como apunta Richard E. Friedman en su exposición del tema*.

Sin embargo, lo que en Masonería cuenta siempre es el valor indudable del simbolismo bíblico, generador de analogías aptas para el desarrollo espiritual. Lo «sagrado» es, para nosotros, lo consustancial, lo homologable con la naturaleza profunda del Hombre. Por ello damos a la Palabra uno de los valores máximos en nuestra escala simbólica. En este sentido, cualquier exposición de valía universal intrínseca puede ser considerada sagrada por su aptitud «mística», entendiendo este término en su recto sentido etimológico: aquello que contiene o encierra «misterio»; es decir, una enseñanza para cuya comprensión es necesario el entrenamiento de la mente. Una «iniciación».

Sobre el altar de la Logia es posible colocar, por esta razón, también cualquiera de los libros «sagrados» existentes, como manifestación de la intención iniciática del trabajo de los Hermanos. El *Zend-Avesta*, los *Vedanta*, *El Bhagavad Gita*, los *Diálogos* platónicos... por citar libros consensuados, además de la Biblia o el *Zohar*.

Sobre el Libro se sitúan la Escuadra y el Compás masónicos, simbolizando, respectivamente, lo terreno y lo universal, lo concreto y lo abstracto, lo perceptible a través de los sentidos corporales y aquello que representa un «ir más allá» de lo inmanente. En Logia de Aprendiz, la Escuadra figura colocada sobre el Compás, señalándo-

---

* Richard E. Friedman: *¿Quién escribió la Biblia?* Edit. Martínez Roca. Las interpolaciones y «arreglos» de los viejos textos, llevadas a cabo por los múltiples copistas a lo largo de siglos, tanto del Antiguo como del Nuevo Testamento, vienen siendo objeto de análisis rigurosos desde el siglo pasado, favorecidos por valiosos hallazgos de textos todavía «vírgenes». Friedman ha dedicado al tema y a su divulgación muchos años de trabajo intenso.

se con ello la aplicación del esfuerzo inicial a la comprensión e interpretación de las percepciones sensibles en el marco de los principios de complementariedad y analogía, de los que se parte para, usando más tarde el Compás, ampliar en círculos concéntricos la ascesis al conocimiento de lo universal.

El Libro, la Escuadra y el Compás del altar constituyen una tríada que integra las «tres grandes luces» masónicas. En los antiguos rituales figuraban otras tres «luces», consideradas hoy «menores»: el Sol, la Luna y el Venerable Maestro de Logia, simbolizando las primeras el principio activo y el pasivo, en oposición complementaria (situadas en el Oriente y frente a las columnas «J» y «B» del acceso al templo, que recuerdan también estas polaridades), y la tercera, el Venerable, representando la convergencia de ambas en el Hombre.

Las piedras

Al pie de cada Columna figuran una piedra «bruta» y una piedra «tallada» con una de sus caras terminada en punta. En una primera contemplación analógica, la piedra en bruto apunta una expresión de la imperfección humana, que hemos de corregir y «trabajar» para «descubrir» la forma oculta en ella.

Sin embargo, en un segundo plano analógico, y buscando la complementariedad de oposiciones aparentes característica de la metodología masónica, comenta el Maestro Plantagenet una interpretación muy sutil basada en el mito atlante*:

> Las asperezas que el cincel, dirigido por el Aprendiz consciente, tiene como misión eliminar, se llaman erro-

---

* E. Plantagenet: *Causeries Initiatiques pour le Travail en L. d'Apprentis.*

res y prejuicios. Es lo que se conoce en Masonería como «desbastar la piedra bruta». Ahora bien, si damos crédito a las leyendas ocultas, habría sido en los tiempos en que el sol disipó las oscuras y densas nubes que aprisionaban la Atlántida bajo un cielo plomizo, cuando la raza blanca semítico-aria alcanzó la revelación de su individualidad, al dejar paso la eficacia sensorial al (predominio) del pensamiento consciente. Los jefes arios anunciaron el advenimiento de la Luz y la liberación de la raza... la piedra tallada se convirtió para ésta en el símbolo de la oscuridad y la servidumbre; la piedra bruta, en el símbolo de la libertad.

Y aun hoy día ¿no es encorvado bajo el fardo de la piedra tallada, acabada, formada por toda clase de prejuicios, de pasiones, de la intransigencia representada por las formulaciones absolutas que se aceptan sin control como expresión formal de una inexpugnable y única verdad, que hacen al Hombre esclavo de su medio, como vemos al profano presentarse a la puerta del Templo pidiendo la Luz? Una Logia «justa y perfecta» se la da y, al mismo tiempo, le libera iniciáticamente de la servidumbre. El neófito liberado se identificará con la «piedra bruta» y hará de ella el símbolo de su libertad.

La interpretación propuesta conecta con el profundo sentido que el hermetismo alquímico da a los elementos «naturales» y a la necesidad de «trabajar» para que afloren los componentes «mercuriales» inmersos en el «caos» a fin de volverlos a unir conscientemente. La piedra simplemente «tallada» no revelaría su composición activa, sino más bien una «apariencia» encubridora...

Por otra parte, y desde la reflexión analógica euclidiana de los masones operativos, la piedra cúbica terminada en punta (mediante una pirámide cuadrangular formada sobre una de las caras del cubo), simbolizaría la piedra angular. En el simbolismo del primer grado se representa esta piedra coronada por un hacha incisiva, como reminiscencia de la vieja tradición indoeuropea que consideraba «protectora» y «sagrada» tal arma-utensilio. Los antiguos canteros solían representarla sobre las lápidas sepulcrales y en los muros de ciertas construcciones. Oswald Wirth apunta que el hacha sería, trasponiendo el concepto, reminiscencia de la cruz que remata el símbolo ideográfico de la «piedra filosofal» de los alquimistas.

Las planchas

Los masones constructores trazaban sus diseños sobre una superficie plana o «plancha». El término ha sido recogido por la Masonería Especulativa, que denomina así todos los escritos relacionados con su quehacer.

Uno de los símbolos que figuran en el rectángulo áureo de la Logia de Aprendiz es la plancha de trazado. «Trazar una plancha» es, masónicamente hablando, realizar un trabajo escrito, y el instrumento para hacerlo es el «buril».

En la plancha simbólica del rectángulo figura la clave del alfabeto masónico; formada por dos líneas paralelas perpendiculares cortadas por otras dos horizontales y un aspa o X. Las letras tienen, por tanto, forma de escuadra (al estar formadas por los ángulos o intersecciones de las líneas), pudiéndose componer dieciocho con las paralelas y cuatro con la X, mediante la adición de puntos. El símbolo advierte de la necesidad de «traducir» el pensamiento profano en términos de rectitud masónica para que los trabajos en logia puedan ser considerados «justos y perfectos».

Por otra parte, señala Boucher en su exposición del tema: «El esquema de las dieciocho primeras letras y la X con la que se componen las cuatro últimas, forman el desarrollo sobre un plano de la piedra cúbica con punta...»*

---

* Boucher, J.: *La Symbolique maçonnique*. Dervy, París.

Mallete y Cincel

Entre todos los símbolos específicamente propios de la tradición masónica operativa «recibidos» por la Masonería especulativa son estos dos, sin duda, los más impactantes para el eterno Aprendiz que es cualquier masón. Y ello no sólo por su estupendo contenido iniciático, sino por ser aquellos que, además, resumen el proceso histórico de la Orden patentizando nuestra herencia «constructiva».

El mallete o mazo se aplica sobre el cincel para labrar la piedra bruta. La masa del mazo, movida a un ritmo determinado, aplica una fuerza. Siguiendo al Maestro Berteaux, podemos ver tres tipos de fuerza o «potencia» simbolizados por el mallete: fuerza bruta, fuerza inteligente y fuerza creativa.

La voluntad ciega tan sólo puede hacer uso de una fuerza bruta, en tanto que una voluntad inteligente y reflexiva es generadora de energía igualmente inteligente en el mundo evolutivo... La fuerza creativa y ordenadora actúa sobre la materia generando nuevas formas. El mallete también representa el conocimiento potencial existente en cada aprendiz, su capacidad cognoscitiva. Inversa y complementariamente simboliza la aniquilación de esa capacidad; la pérdida de consciencia.

El cincel, por su parte, tomado normalmente con la mano izquierda —que corresponde al lado pasivo humano—, simboliza la primera operación del espíritu mediante la cual se separa «lo uno» de «lo otro». Representa, pues, el discernimiento con el que opera la voluntad y, por tanto, tiene un papel pasivo respecto al mallete, que, aplicado sobre el cincel, se comporta activamente. Por su parte, el cincel representará el principio activo en relación con la piedra bruta en la que incide.

Mallete y cincel, unidos, simbolizan potencia y habilidad transformadora que el Aprendiz debe aplicar sobre sí mismo y que el masón, de cualquier grado, debe conservar permanentemente en su corazón.

Escuadra y Compás

Si mallete y cincel evocan la capacidad transformadora de la materia bruta, escuadra y compás son los instrumentos que simbolizan todo el planteamiento espiritual masónico.

La escuadra masónica, asimétrica, simboliza el dinamismo de la acción sobre la materia. Sus dos brazos se abren formando un ángulo estable que permite «cuadrar», uniendo una horizontal y una vertical. Esta capacidad definitoria del espacio ha hecho que la escuadra represente ritualmente lo terreno. La unión de dos escuadras por sus vértices simboliza los cuatro puntos cardinales, formando la cruz masónica.

El Venerable de Logia preside los trabajos de la Cámara ornando su pecho con la escuadra de lados proporcionales en relación de tres a cuatro, como los lados del triángulo rectángulo pitagórico, según pone de relieve Boucher, puesto que su misión le obliga a buscar la rectitud en la enseñanza que han de recibir los aprendices para la edificación del «templo».

Por otra parte, la escuadra reproduce la «gamma» griega, primera letra de la palabra «geometría», ciencia que centraba la atención de la escuela iniciática pitagórica. La letra «G» aparece muy tardíamente en el alfabeto latino y pasa a ser, también, distintiva de la Masonería operativa medieval.

Dos barras móviles articuladas por un eje forman el compás, con el que se traza la circunferencia. Es ésta la figura geométrica más simple, puesto que está formada por una sola línea encerrando un espacio proporcional a la apertura de los brazos del compás. El punto de apoyo de uno de ellos simboliza el centro u origen de todas las cosas y el movimiento de apertura del otro gradúa la expansión de su emanación cósmica. Por ello, los diferentes grados masónicos se expresan también mediante la graduación de la apertura del compás (que es de medio ángulo recto para el Maestro), indicando el nivel de conocimiento iniciático atribuible a los trabajos del grado. Compás y escuadra se identifican cuando el primero se abre a noventa grados, señalando el equilibrio entre la espiritualidad que representa y la materialidad simbolizada por la escuadra.

En la Logia se sitúan la Escuadra y el Compás sobre el Libro, como hemos señalado. Son las tres Luces o focos inspiradores de la meditación iniciática en los tres grados simbólicos de la Masonería especulativa. La posición del compás respecto a la escuadra, como símbolo complementario, varía en función del ritual del grado en que se desarrollen los trabajos de logia. En grado de Aprendiz, los dos brazos de la escuadra quedan por encima de los del compás, y los vértices de ambos símbolos están en oposición, puesto que la enseñanza que se imparte se centra aún sobre aspectos importantes de las formas materiales que dominan el mundo de los sentidos. En grado de Compañero, uno de los brazos de la escuadra aparecerá ya bajo un brazo del compás, y en el ritual de la maestría ambos brazos de la escuadra quedarán por debajo de los del símbolo complementario, señalando el avance iniciático hacia lo metafísico, aunque la apertura del último continúe siendo de 45 grados*.

Las Ventanas simbólicas

En el cuadro de Aprendiz emplazado en el damero áureo aparecen también tres ventanas enrejadas, recordando la descripción que de las ventanas del Templo de Salomón se hace en el Libro de los Reyes (1, 6-4). En las logias no existen tales ventanas, en realidad, si bien se

---

* Sólo en los llamados «grados superiores» se abre el compás a más de 45 grados.

conserva el simbolismo de las mismas inscribiéndolas entre los temas de reflexión iniciática del primer grado. Se trata de recordar, con ello, la permanente expectación de «luz» y la alerta en el estado receptivo que corresponden a todo masón y, de manera especial, al Aprendiz.

Las ventanas, situadas al Este, Sur y Oeste del cuadro temático, jalonan la aparente trayectoria del Sol. Las rejas o celosías simbolizan el aislamiento introspectivo del iniciando en su meditación, recordando que los templos masónicos quedan «a cubierto» de toda injerencia profana perturbadora del desarrollo de los trabajos iniciáticos, aunque los «obreros» permanezcan conscientes de su vinculación con la realidad universal manifestada en la luz solar.

El ritual del Rito Escocés Antiguo y Aceptado subraya que los aprendices comienzan sus trabajos a mediodía en punto, puesto que es en ese momento del cenit cuando el Sol transmite su energía con mayor intensidad sobre el lado Sur de la Logia, iluminando a quienes tienen a su cargo la instrucción de los aprendices. La luz que penetra por el Este alerta desde el alba a los «vigilantes» de logia, y el Venerable Maestro recibe la luz crepuscular que penetra frente a él, por la ventana de Poniente, estimulando su quehacer hasta el término del día.

Plomada y Nivel

Estos utensilios de los masones constructores de otro tiempo figuran asimismo, recogidos como símbolos, en el cuadro de Aprendiz. El desarrollo de la reflexión iniciática en torno a ambos no suele realizarse, sin embargo, en esa primera etapa y su mención es premonitoria. La Plomada simboliza un rasgo fundamental de la actuación del Segundo Vigilante de Logia, y el Nivel es atributo del Primer Vigilante, siendo la Escuadra, como se ha indicado, la que refleja analógicamente la pauta del trabajo esperado del Venerable Maestro.

La polaridad «activa» se representa mediante la Plomada, no sólo en Masonería, sino también en las escuelas iniciáticas hindúes. Simboliza el Conocimiento activo que va desde la profundidad de las cosas hasta la plenitud del Ser, en una vertical sin límites, como aspiración masónica. El Nivel combina la vertical y la horizontal, relacionando el Conocimiento abstracto con la concreción del mundo físico.

Una tendencia analógica meramente moralizante podría ver en estos dos símbolos un esquema de la rectitud y la igualdad sociales. Es importante subrayar que la reflexión masónica es preparatoria de la Iniciación y que las analogías valorables iniciáticamente, aun debiendo encontrar aplicación en el plano social, persiguen un acceso al Conocimiento. La simple proyección moral de los símbolos no constituye en modo alguno nuestra meta. A este respecto dice sabiamente el Maestro Jules Boucher que «la moral es siempre relativa y particular, variando según los lugares, las épocas y los grupos. El Conocimiento dado por la Iniciación, que debe, en nuestro criterio, reemplazar a la moral, tiende hacia el Absoluto. Pascal ha escrito que «la verdadera moral se mofa de la moral». La Masonería es otra cosa que una escuela de moral. Los iniciados verdaderos se manifiestan en el terreno profano no por su cualidad de masones, sino por un comportamiento que es, de alguna manera, una «reverberación» (un reflejo) de ese hecho»*.

La Cadena de Unión

Circundando el cuadro temático del Aprendiz figura una cuerda con nudos que es reminiscencia de las que solían y aún suelen usar los constructores para efectuar

---

* Jules Boucher: *La Symbolique Maçonnique*. Dervy.

trazados y realizar cálculos prácticos sobre el terreno. El número de nudos representados varía, según los diferentes autores e historiadores masones, entre tres y siete. Por nuestra parte, consideramos que tres es el número que simboliza la estructura conceptual propuesta al Aprendiz como tema básico de su meditación.

Analógicamente, se identifica esa cuerda anudada como la expresión sensible de la unión universal de los masones, reproducida también, mediante expresión corporal, al término de las tenidas, con el entrelazamiento de brazos y manos que pone fin al trabajo de Logia.

LA EXPRESIÓN CORPORAL SIMBÓLICA

Siendo nuestro cuerpo físico la expresión o manifestación de una particular elaboración energética, utilizada como «vehículo» en la evolución de la Vida cósmica, constituye por sí mismo el símbolo en el que se apoya toda la cadena simbólica masónica. Es la forma o continente de nuestro «templo interior».

Ciertamente, no es ésta una característica exclusiva de nuestra metodología, sino en la medida en que proponemos los gestos exotéricos como símbolos de una aspiración, íntimamente actualizada o «vivida», de acceso a una determinada concienciación. Por lo demás, el simbolismo gestual forma parte de la gama de reflejos, unas veces espontáneos y otras deliberadamente «representados», integrados en todas las culturas profanas: estrechamos la mano de un amigo, inclinamos la cabeza para saludar, besamos, palmeamos la espalda afectuosamente, nos llevamos la mano a la frente, etcétera.

La expresión corporal simbólica ritualizada incluye, en el grado de Aprendiz, un signo de «orden», un acto de «puesta al orden», una determinada forma de andar en logia y una manera de manifestar aprobación, alabanza o duelo que llamamos «batería».

El SIGNO: Reproduce la forma de la escuadra, uniendo los dedos de la mano derecha, con el pulgar separado del resto, a la altura de la laringe y perpendicularmente a ella.

El signo de «orden» simboliza la voluntad expresa de autocontrol en las manifestaciones orales a que viene obligado todo masón. Aunque el Aprendiz deba guardar silencio permanentemente, el signo pone de relieve, también en su caso, que lo hace ejerciendo en ello su voluntad.

La Tradición iniciática sitúa junto a la laringe uno de los chakras o «círculos» terminales de comunicación entre la masa celular física y la formación energética que circunda nuestro cuerpo, a la que llamamos «cuerpo astral». La corriente de «anclaje» entre ambas es el «prana» o fluido vital, que circula a partir de la médula espinal, dividido en tres líneas ascendentes que gráficamente se representan con el caduceo que figura como enseña de nuestras farmacias. La activación del chakra o centro laríngeo parece producir una especial conciencia temporal de pasado, presente y futuro del individuo.

LA ACCIÓN DE PUESTA AL ORDEN: Consiste en llevar la mano rígidamente desde la laringe al extremo del hombro derecho, dejando caer el brazo con rapidez a un lado del cuerpo. Se trata de formar una escuadra simbólica para denotar voluntad de corrección en el pensamiento y actuación rituales.

LOS PASOS EN LOGIA: El Aprendiz penetra en el templo masónico iniciando el paso con el pie izquierdo (Rito Escocés, A. y A.), avanzando a continuación el derecho hasta formar escuadra entre ambos y manteniendo el signo de orden descrito. Tras efectuar tres pasos simbólicos, saluda al Venerable, al Primer Vigilante y al Segundo, sin mover los pies y realizando el «acto» de puesta al orden, para continuar con pasos de «escuadra», por el lado izquierdo del templo, hasta ocupar su lugar.

La importancia del simbolismo descrito es grande por cuanto debe suponer la concienciación del ingreso en un espacio psíquico atemporal en el que se abandonan convencionalismos y rutinas del quehacer profano. De no ser así nos hallaríamos ante una dramatización puramente exotérica y banal.

BATERÍA DE APRENDIZ: Se llama así al conjunto de tres choques sonoros de los dedos de la mano derecha sobre la palma de la izquierda, ligeramente espaciados a intervalos iguales (en el Rito Escocés, A. y A.). Algunas logias practican la llamada «triple batería» en ocasiones especiales; es decir: tres veces tres palmadas. Esto último no parece correcto a más de un tratadista clásico y fue ya rechazado por el «Manual» francés de Vuillaume (1820). Los oficiales de Logia utilizan el mallete en los mismos casos: apertura y cierre de los trabajos, manifestación de contento por la presencia de algún Hermano visitante o demostración de duelo por el deceso o condena masónica de otro. En este último caso se palmea sobre el antebrazo izquierdo.

Existen sofisticadas consideraciones sobre el simbolismo de esta manifestación sonora y su repercusión ambiental, que no abordaremos aquí.

Hay que considerar el triple abrazo y el triple ósculo masónicos como símbolos rituales cuando forman parte del ceremonial de tenida y como saludo característico cuando se producen fuera de ella. Lo mismo ocurre con los llamados «toques» identificativos, que son enseñados al Aprendiz tras la Iniciación.

EL ATUENDO DEL APRENDIZ: La prenda más significativa del atuendo de cualquier masón es, sin duda, el mandil o delantal de trabajo, heredado de la Francmasonería operativa, sin el que no le es posible participar en tenidas rituales.

El simbolismo del mandil masónico ha sido profusamente tratado por autores de todas las Obediencias, tomando en consideración su forma, color y adaptación corporal, así como el uso ancestral que de él se ha hecho. Esenios, persas, egipcios y celtas, entre otros, utilizaron mandiles ceremoniales semejantes a los que conserva la tradición masónica.

El que recibe el Aprendiz masón al finalizar el ritual de Iniciación es, hoy día, de tejido blanco, aunque fue originalmente de piel de cordero. En su parte superior lleva una solapa triangular que debe mantenerse levantada hasta acceder al segundo grado. Carece este delantal de todo ornamento y simboliza el ánimo activo y la predisposición espiritual «cándida» y receptiva que han de caracterizar simultáneamente al Aprendiz para participar en las tareas comunes de la Logia. La solapa superior cubre precisamente el chakra umbilical, con el que se vinculan «sentimientos y emociones contra los que debe protegerse especialmente para alcanzar la serenidad de espíritu que haga de él un iniciado real», en palabras del Maestro Boucher.

Precisaremos, por último, que la dimensión del mandil carece de relieve, a pesar del empeño de ciertos puristas que proponen medidas múltiplos de tres y formas geométricas muy determinadas, en función de una especulación simbolista perfectamente válida, pero no esencial.

Al finalizar la ceremonia ritual de Iniciación, recibe también el Aprendiz masón un par de guantes blancos de utilización litúrgica indispensable. En otros tiempos solía entregársele asimismo otro par de guantes para que hiciera donación de ellos a la mujer que considerase más digna de recibirlos, suponiéndose que la destinataria habría de ser alguien capaz de compartir con él las inquietudes y anhelos espirituales del camino iniciático.

El color blanco, semejante al del mandil, vuelve a simbolizar la pureza que debe caracterizar los gestos y actos del Aprendiz. Por otra parte, los guantes cubren cualquier apariencia de agresividad o tosquedad que, por su configuración, pudieran sugerir las manos del usuario, igualando a los Hermanos reunidos con un mismo ánimo ritual.

Ninguna otra prenda simbólica puede añadir el Aprendiz a las que se han mencionado. Cualquier insignia o adorno, profano o masónico, deben ser eliminados escrupulosamente antes de ingresar en el templo. Su atuendo debe ser impecable y pulcro, como corresponde al propósito iniciático voluntariamente asumido. Por ello, en algunas logias se utilizan túnicas (negras o blancas, generalmente) simbolizando, de una parte, el deseo de conformación común a la metodología simbolista y, de otra, con la intención de manifestar externamente el desprendimiento de «hábitos» y prejuicios que se desea queden fuera del mundo psíquico en el que ha de desarrollarse la tenida. Es evidente, además, que el uso de las túnicas presenta ventajas prácticas innegables para corregir rápida y eficazmente el atuendo de quienes, por su trabajo o por su forma de vida profanos, deberían en todo caso variarlo para integrarse en una reunión litúrgica.

SIMBOLISMO COMPLEMENTARIO

La cultura masónica, desarrollada en el seno de las logias a través del tiempo e incentivada por la asidua comunicación entre las múltiples comunidades de francmasones extendidas por el mundo, se manifiesta en todos o casi todos los planos de actividad, matizándolos con el denominador común de su simbolismo. En muchos casos no se trata más que de un «estilo», sin que pueda concedérsele mayor valor iniciático que el que, en definitiva, acompaña a cualquier símbolo propuesto como tema de íntima reflexión.

CALENDARIO MASÓNICO: Los más antiguos manuscritos masónicos, a los que nos hemos referido ya, solían enfatizar el remoto origen de la francmasonería pretendiendo vincularlo, simbólicamente, con la propia aparición del Hombre sobre la Tierra. Los reformadores masones del siglo XVIII recogieron, en este sentido, la datación que algunos exégetas cristianos habían considerado válida para la «historia humana», según la tradición bíblica, que se remontaría a unos cuatro mil años a. C. Hay que aclarar que ni los exégetas habían afirmado que tal fuese la edad del mundo en sí, puesto que se referían al hecho adámico mitificado, ni los simbolistas masones han intentado otra cosa que recoger el mito de la cultura ambiental de su tiempo para subrayar la presencia ancestral de sus inquietudes en todas las civilizaciones anteriores.

Los masones adoptaron, pues, la datación de Jaime Usher, de finales del siglo XVII, añadiendo cuatro mil años a la comúnmente admitida de la era cristiana, para simbolizar una cronología más bien psicológica. El año 1994 corresponde a la «era vulgar» (e.v.) y el 5994 a la «era de la vera luz».

El año masónico comienza en el mes de marzo y termina en el de febrero, por ser éstos los que abren y cierran el Zodiaco, de acuerdo con la tradición astrológica que sitúa en primer término a Aries.

Como ya se ha mencionado, las dos fiestas solemnes del calendario masónico corresponden a los solsticios de verano e invierno (21 de junio y 21 de diciembre), siguiendo la tradición del ciclo solar. En ambas ocasiones celebran los masones, indefectiblemente, ágapes rituales de fraternidad.

PUNTUACIÓN MASÓNICA: Las palabras que describen conceptos característicos masónicos se escriben, de forma abreviada, mediante la inicial seguida de tres puntos formando triángulo, o utilizando la primera sílaba seguida de los tres puntos. Los plurales se escriben duplicando la inicial y añadiendo los puntos.

Los tres puntos simbolizan la letra «Delta» de la Terna masónica. Boucher rechaza la tesis de J. A. C. Fisch respecto al origen egipcio del triple punto, aduciendo que los tres lotos, tres líneas onduladas o tres puntos que en la escritura jeroglífica se situaban junto a la inicial del nombre genérico de vegetales, líquidos y minerales, respectivamente, eran tan sólo signos para indicar pluralidad. Boucher parece apoyar el punto de vista de Pavilly, destacando que los tres puntos fueron característicos de los escritos emanados del «Compagnonnage» medieval. Por nuestra parte, nos preguntamos si lo uno impide lo otro. En todo caso, los autores franceses postulan el origen galo de la tripleta puntual.

ALFABETO: La cultura masónica ha desarrollado, como era natural, una escritura propia con un alfabeto para los grados simbólicos (el único que ha contado con un cierto nivel de utilización) y otro para los altos grados.

Las letras responden a diversas combinaciones y posiciones de escuadra y compás, con un esquema sencillo y de fácil memorización. Todo se reduce a independizar las figuras geométricas resultantes de la intersección de dos pares de paralelas perpendiculares que producen ángulos rectos simples, emparejados o formando cuadrados. Las repeticiones se evitan añadiendo un punto diferenciador, y las letras «u», «x» «y» y «z» se representan mediante la reproducción de cada uno de los ángulos que resultan de la intersección de dos rectas formando «aspa». No existen «k» «j», «v» ni «w», que se escriben como, «c», «i» y «u», respectivamente.

La utilización del alfabeto masónico fue relativamente frecuente en otras épocas, con carácter interno o en correspondencia confidencial, sobre todo en momentos de persecución. Hoy día se halla casi en desuso y su sencillez no resistiría la voluntad descifradora de cualquier buen aficionado a ese menester*.

VIAJES INICIÁTICOS

Los ritos masónicos más practicados en la actualidad (Escocés Antiguo y Aceptado, Emulación, Escocés Rectificado y Francés Moderno) otorgan una gran importancia a los «viajes» míticos reproducidos en las ceremonias de Iniciación y en las de exaltación o elevación graduales. No podría ser de otra forma, teniendo en cuenta la profunda vinculación del proceso iniciático con la idea de evolución humana y la «inquietud» descubridora que mueve al iniciando en busca de la «Luz».

Los antiguos masones operativos realizaban largos recorridos en sus desplazamientos laborales, durante los cuales solían esforzarse, tanto en la contemplación de la naturaleza como en el estudio práctico de las construcciones relevantes del itinerario, que visitaban con reverencia profesional. Las peregrinaciones a Santiago de Compostela, institucionalizadas durante la Edad Media, respondieron, desde su remoto origen, a la idea iniciática del «viaje», inherente al íntimo anhelo evolutivo del Hombre. No sin gran razón, se dice de alguien que «está muy viajado» (expresión portuguesa) cuando se le atribuyen conocimientos y experiencia notables.

La palabra «in-icio» significa etimológicamente «en camino» (del latín ITER). Todo «inicio» implica un «itinerario», un recorrido en el espacio y en el tiempo, para llegar a alguna parte siguiendo una ruta determinada.

Algunos de los «encuentros» que se producen durante ese movimiento voluntariamente decidido serán los previstos, si la ruta se ha seguido fielmente y estaba bien trazada. Otros, sin duda, habrán sido imprevisibles. En ambos casos se produce un descubrimiento, tanto del mundo exterior que se explora, como de la propia intimidad, que aflora conscientemente a través de los sentimientos y reacciones físicas y psíquicas del viajero.

Todas las culturas han consagrado al simbolismo del «viaje» alguno de sus más relevantes mitos, de entre los cuales ha quedado como arquetípico, para los occidentales, el de Ulises dirigiéndose a Ítaca, que representa algo más que una narración (apasionante) de las aventuras del héroe.

El viaje iniciático imita, por una parte, el desplazamiento por el «mundo» y, por otra, el movimiento en nuestro mundo interior. Para el simbolismo masónico, la «logia» es una representación sintetizada del mundo físico en el que vivimos, y en nuestro ego íntimo se halla la clave de nuestra «participación» o integración en él. La tarea iniciática parte de la necesidad de «autoconocimiento», en función de un análisis metodológicamente realizado de las líneas fundamentales que parecen estructurar el mundo físico. Por eso la Iniciación masónica es «cientificista» en la medida en que presta atención a los «datos» facilitados por la investigación profana, y es «espiritualista» por cuanto analiza tales datos analógicamente, como piezas integrantes de un Universo cuya realidad sobrepasa la simple capacidad de percepción de nuestros sentidos en el estado de consciencia en el que solemos hallarnos. En otras palabras: el Todo incluye lo metafísico, y entre las estructuras que conocemos como meramente físicas y las que intuimos y vamos descubriendo como metafísicas existe una total vinculación. Se puede decir lo mismo afirmando que lo «exotérico» y lo «esotérico» son dos aspectos de una misma realidad, de la que formamos parte. La filosofía masónica aboga por una «contemplación activa» de esa realidad, descartando la simple «fe» o «creencia estática» como aportadora de elementos suficientes para promover el «avance» humano. Este rasgo, común a todas las escuelas iniciáticas, diferencia a la Masonería de las religiones positivas conocidas, que han reducido el ámbito especulativo de sus fieles al cuadro sinóptico de determinados conceptos «morales», dogmáticamente definidos en función de esquemas teológicos también concretos.

En el «mundo», simbolizado en la logia, existe un eje imaginario vertical que pasa por su centro, yendo hacia el Cenit en su dirección ascendente y hacia el Nadir en la descendente. En algunos templos esa línea se representa mediante una plomada colgante sobre el Rectángulo Áureo del centro de la logia. El plano horizontal se extiende imaginariamente a los cuatro puntos cardinales, que conservan, ritualmente, los nombres clásicos de Septentrión, Mediodía, Oriente y Occidente. El firmamento estrellado, que aparece reproducido en el techo de los templos masónicos, viene a completar la evocación universalista deseada.

En este marco, planetario y cósmico, los movimientos iniciáticos son circunambulatorios, recordando que todo es circular, curvilíneo y cíclico en nuestro Universo. El ámbito imaginario así creado en el recinto material de la logia mitifica el espacio tiempo en el que se generan las «representaciones», también míticas, de los diferentes rituales o ceremonias que integran el Rito o Método Simbólico seguido en pos de la Iniciación.

Los cuatro componentes esenciales del ser humano, que son cuerpo, mente, alma y espíritu, corresponden a planos expresados por la Física, la Filosofía, la Religión y la Iniciación, respectivamente. La Tradición iniciática ha retenido, simbólicamente, cuatro elementos físicos como expresiones de la energía universal: Tierra, Aire, Agua y Fuego, que pone en correspondencia con los planos humanos mencionados. El neófito emerge de la Tierra y se «purifica» a través del Aire (la mente, la razón), el

Agua (el sentimiento, la intuición), para llegar al Fuego (el Conocimiento del Ser, que sobrepasa a la simple razón y al sentimiento vital). La meta, pues, no es el perfeccionamiento de la razón, que corresponde al plano físico y analiza las percepciones de los sentidos, ni el «trance» místico, al que puede llegarse sin ajustarse a una disciplina iniciática, por propia predisposición «anímica» y en circunstancias concretas de interacción vibratoria, como «fenómeno» humano manifestado asiduamente en «visiones» y experiencias «parapsicológicas», en todos los tiempos y latitudes. El misticismo iniciático consiste en la búsqueda de lo que está «detrás» de las apariencias sensibles (mystikos = oculto, «misterioso»). En la Iniciación masónica de los tres primeros grados se analizan los «misterios» llamados menores por la Tradición iniciática, relacionados con el mundo que llamamos «denso». Se trata de una iniciación derivada del ejercicio de la construcción, en el que se modifican y elaboran formas con masas y medidas, imitando la Gran Arquitectura Universal. A ello hacen referencia constante sus símbolos, utilizados en la búsqueda de analogías y complementariedades conceptuales: piedra bruta, piedra cúbica, escuadra, compás, regla, nivel, mallete, plomada, etcétera.

El primer viaje del neófito, aún no circunambulatorio, le dirige al contacto con el interior de la Tierra. En ese plano comienza su reflexión y analiza su naturaleza íntima. El descubrimiento de su «piedra bruta» le permitirá plantearse la forma en que puede «tallarla». La cueva o caverna de la que emerge, tras su permanencia en ella, es el claustro materno de la Tierra que le ha formado. En la caverna sólo puede percibir sombras o reflejos de la realidad, puesto que el corpúsculo luminoso que hay en él mismo está encerrado en el interior de la piedra bruta. Tal es el sentido del paso por el Gabinete de Reflexión masónico.

Penetrando en el propio recinto del templo, acompañado por el Experto, el neófito «nace» a una nueva forma de vida. Su camino no será fácil, y en la marcha cíclica hallará innumerables obstáculos que pondrán a prueba su voluntad. La mente activa y la razón ágil le permitirán acceder al aire renovador que le alentará en su ruta.

Durante el siguiente viaje encontrará el neófito que ha aprendido a sortear obstáculos, enriquecido con el desarrollo gradual de su saber intuitivo, «presintiendo» y esquivando aquellos que le impedían llegar a las aguas purificadoras en las que disolverá parte de las adherencias que aún embotan sus sentidos.

Por último, podrá iniciar su marcha hacia el fuego, hacia la Luz, hermana mayor de la chispa interior que anima su propia existencia. Cuando el Maestro le muestra simbólicamente la Luz, completa el neófito su iniciación virtual y recibe los utensilios que le permitirán seguir tallando su propia «piedra» por el sendero iniciático. De él dependerá que lo virtual llegue a convertirse en realidad.

El Maestro Oswald Wirth dice, a propósito de la Iniciación:

> Las pruebas masónicas, escenificadas en el seno de las logias, pueden parecer ridículas a los profanos, como todos los actos simbólicos contemplados sólo desde fuera. Por pobre que pueda ser su dramatización material, aluden, en su esoterismo, a los misterios más trascendentes de la tradición iniciática. Quien los vive «en espíritu y en verdad» llega a ser un Iniciado real. Aquel que los evita sigue siendo un profano, a pesar de cuantos conocimientos pueda acumular*.

---

* O. Wirth: *Los Misterios del Arte Real.*

OBLIGACIONES DEL FRANCMASÓN

EXTRACTO DE LOS ANTI-
GUOS ARCHIVOS DE LAS
LOGIAS DE ULTRAMAR,
DE INGLATERRA, ESCO-
CIA E IRLANDA PARA
USO DE LAS LOGIAS DE
LONDRES.

PARA SER LEÍDO EN LA RECEPCIÓN DE NUEVOS HERMANOS O CUANDO LO ORDENE EL MAESTRO

LONDRES

Anno Domini 1723
Año masónico 5723

XV. El Derecho masónico

LOS talleres o logias de francmasones medievales tenían como denominador común las «reglas» del Arte Real, que venían obligados a aplicar escrupulosamente en los trabajos de construcción a los que se dedicaban. En este sentido prestaban sus miembros juramento de fidelidad, mediante el cual se establecía el vínculo de fraternidad que unía a los componentes de los diversos talleres, sin que existiera una dependencia jerárquica respecto de la Logia Madre, que ejercía tan sólo una función arbitral entre profesionales, con el reconocimiento de la autoridad profana. Ya hemos indicado que las logias «madre» eran aquellas que habían dado origen a otras, para efectuar trabajos puntuales de construcción en localidades diferentes a las de su radicación.

La situación cambia con la aparición de la Gran Logia de Londres, en 1717, consolidándose un nuevo tipo de Masonería, que llamamos especulativa, por haber transferido los valores alentados y venerados por las cofradías de constructores operativos al campo abstracto o mental, dando fuerza simbólica independiente a los elementos materiales que aquéllas habían considerado sólo en función del mejor ejercicio de una profesión practicada en armonía fraterna, con objeto de dar carácter universal a tales valores, ampliando a todos los hombres «libres» la posibilidad de acceder al Conocimiento, siguiendo una metodología simbolista, y eliminando del concepto de «fraternidad» fronteras profesionales o de cualquier otra naturaleza.

La Gran Logia de Londres tenía necesariamente que poder perfilar las líneas de la nueva estructura a la que daba vida emitiendo una normativa indispensable. Con ello aparece en Masonería el concepto de Obediencia como agrupación de logias que aceptan un plan de trabajo especulativo determinado, delegando parte de su soberanía en un organismo supraestructural, presidido por un Gran Maestro elegido.

Tanto la creación de nuevas logias como la admisión de nuevos miembros pasaron a ser materia reservada al dictamen y discreción de un Gobierno masónico, con lo que aparecía un nuevo Derecho que poco tenía que ver con las reglamentaciones de las cofradías laborales del medievo, emanadas formalmente de la autoridad profana, mandante de los constructores (como habían sido los capítulos catedralicios o los municipios).

Bajo el maestrazgo de Jorge Payne se encargó a Jaime Anderson (quien, como hemos señalado ya, presidió muy probablemente una comisión al efecto) el estudio y selección de la documentación histórica correspondiente a las logias operativas y a las viejas costumbres masónicas para coordinarlas y adecuar la posibilidad de su utilización por las nuevas logias especulativas inglesas. De aquel trabajo surgió la que podemos considerar Carta Magna masónica, aprobada por los delegados de los talleres de la Gran Logia de Inglaterra, el 17 de enero de 1723, como «Constituciones de los Francmasones» y divulgada a partir de entonces, universalmente, como «Constituciones de Anderson».

Estas «Constituciones» representan, para todos los masones, el monumento jurídico fundamental de la Orden, y su enseñanza y conocimiento son «la única garantía de la perennidad de nuestra Institución», en palabras del Maestro Plantagenet.

La sucesiva formación de otras Obediencias y la promulgación de sus respectivas constituciones y reglamentos, inspirados siempre en el texto modélico de las de 1723 (y sus reediciones posteriores), hace que cada Oriente o territorio masónico, constituido en lo que llamamos «Gran Oriente» o «Gran Logia», según los casos, se rija por una normativa propia, matizada según la idiosincrasia territorial, conservando las Constituciones de Anderson un auténtico carácter «canónico» de referencia indispensable. Los valores fundamentales vertidos en ellas, expresados en términos lingüísticos históricamente circunstanciados, tienen permanencia universal en el estadio evolutivo actual de nuestra Humanidad. La indiferencia o el desconocimiento de la Ley masónica que se recoge en las Constituciones no ha sido sino fuente de división y de desviaciones con vanas pretensiones universalistas que, en definitiva, no son más que concesiones indulgentes hechas en función de un concepto profano transitorio de «progreso» que para nada tiene en cuenta el basamento iniciático de la Masonería.

Recogemos a continuación las «Obligaciones» generales propiamente dichas, dejando para un futuro estudio monográfico el resto del texto de las Constituciones, cuya introducción es una exposición fabulosa, de valor simbólico, sobre los orígenes de la Masonería operativa, según hemos indicado en relación con el «Comentario de antaño» reproducido en la primera parte de este libro. En lo que podríamos considerar tercera sección de las Constituciones, recogieron Anderson y sus colaboradores, parcialmente, las ordenanzas más usuales de las antiguas cofradías operativas para formar unos nuevos «Reglamentos» con el carácter propio exigido por la organización de la nueva Obediencia. Descartaron, para ello, textos antiguos que podrían haberse prestado peor al proceso de mutación perseguido.

Los Reglamentos contenidos en las Constituciones tienen sólo valor paradigmático, ya que cada obediencia masónica redacta los suyos en desarrollo de su propia Constitución. El texto íntegro de las Constituciones de Anderson ha sido frecuentemente traducido al castellano, aunque poco difundido en medios profanos (véanse en el *Diccionario enciclopédico masónico,* de venta en algunas librerías españolas). Sin embargo, he preferido realizar, para esta ocasión, un esfuerzo propio de traducción «libremente fiel», tratando de conservar en lo posible el «modus» de la antigua redacción.

I

DE DIOS Y DE LA RELIGIÓN

Un Masón está obligado, por el compromiso adquirido, a obedecer la Ley moral; y si entiende correctamente el Arte (Real), jamás será un estúpido ateo ni un libertino irreligioso. Pero, si bien antiguamente los masones venían obligados, en todos los países, a seguir la religión del respectivo país o nación, fuese cual fuere, se considera hoy día más expeditivo no obligarlos sino respecto a la religión sobre la que todos los hombres están de acuerdo, dejando para cada uno sus opiniones personales. Esa religión consiste en ser hombres buenos y sinceros, hombres de honor y probidad, cualesquiera que fueren las denominaciones o creencias que pudieren distinguirles. Con ello la Masonería se convertirá en el Centro de unión y medio conciliador, mediante una amistad sincera, de quienes (de otra manera) habrían tenido que permanecer perpetuamente separados.

II

DE LA AUTORIDAD CIVIL SUPERIOR E INFERIOR

Un Masón es siempre un súbdito apacible, respetuoso con el poder civil, dondequiera que resida o trabaje

Nunca se implica en conspiraciones o complots contra la paz y la dicha de la nación, ni se rebela contra la autoridad institucional, porque la guerra, la efusión de sangre y las perturbaciones fueron siempre funestas para la Masonería. Así, los antiguos reyes y príncipes estuvieron siempre dispuestos a proteger a los miembros de la corporación, pues su tranquilidad y su fidelidad, que desmentían en la práctica las calumnias de sus adversarios, elevaban el Honor de la Fraternidad, que siempre prosperó en tiempos de paz. De suerte que, si un Hermano se rebelase contra el Estado, no debería ser apoyado en su acción. Sin embargo, podría ser compadecido como desdichado y, si no es convicto de ningún otro crimen, aunque la fiel Cofradía deba desaprobar su rebeldía para no dar al Gobierno motivo de descontento y evitar que quede resentido, no se le podrá excluir de la Logia, puesto que su relación con ella es indisoluble.

III

DE LAS LOGIAS

Una Logia es un lugar en el que los masones se reúnen y trabajan: de ello procede el que a esa reunión o grupo, debidamente constituido, se le denomine Logia. Todo Hermano debe pertenecer a una Logia y someterse, no sólo a su reglamento particular, sino también a los reglamentos generales. Una Logia puede ser particular o general. La diferencia se percibirá por su relación respectiva o por el estudio de los reglamentos de la Logia general o Gran Logia, anexos al presente texto. Antiguamente, ni los Maestros ni los Compañeros podían abstenerse de acudir (a la Logia), sobre todo cuando habían sido convocados, sin incurrir en severa censura, a menos que justificasen ante el Maestro y los Vigilantes la existencia de un impedimento serio.

Las personas admitidas a formar parte de una Logia deben ser hombres buenos y sinceros, nacidos libres, de edad madura y prudente, ni esclavos*, ni mujeres, ni hombres inmorales que causen escándalo, sino sólo hombres de buena reputación.

IV

DE LOS MAESTROS, VIGILANTES, COMPAÑEROS Y APRENDICES

Cualquier ascenso, entre masones, deberá basarse en el valor y mérito personal, de tal forma que sirva adecuadamente al Maestro (Venerable), que los Hermanos no tengan que avergonzarse de ello y que la Masonería no sufra menoscabo. Por eso ningún Maestro o Vigilante será elegido en razón de su antigüedad, sino tan sólo en función de su mérito. Resulta imposible precisar todo por escrito. Cada Hermano deberá estar presente en su lugar y aprender según los métodos característicos de la Masonería.

Que los candidatos sepan tan sólo que ningún Maestro puede admitir a un Aprendiz si no tiene suficiente trabajo para dárselo, y no siendo un joven perfecto, exento de malformaciones o defectos físicos susceptibles de incapacitarle para instruirse en el Arte (Real), servir al mandante* de su Maestro, llegar a ser un Hermano y después —a su debido tiempo— un Compañero, tras haber cubierto su periodo de aprendizaje en las condiciones fijadas por las costumbres del país. Deberá asimismo ser hijo de padres honorables, a fin de que, si resulta

---

* La esclavitud, como condición civil, impedía la libertad de acción y de participación en logia.

** Entre los masones operativos era el «Jefe del taller» quien recibía los encargos de obras.

digno del ello, pueda tener el honor de ser llamado a ocupar el puesto de Vigilante y después el de Maestro de Logia (Venerable), Gran Vigilante y, finalmente, Gran Maestro de todas las logias, en la medida de sus méritos.

Ningún Hermano puede ser nombrado Vigilante antes de haber sido Compañero, ni Maestro (Venerable) antes de haber sido Vigilante, ni Gran Vigilante antes de haber sido Maestro (Venerable), ni Gran Maestro sin haber sido Compañero con anterioridad a su elección, aun teniendo que ser de noble cuna u hombre eminentemente distinguido, sabio reputado, arquitecto hábil o señalado en cualquier otro arte, nacido de padres honrados y gozar, por mérito propio, de la estima de las logias. Y para facilitar al Gran Maestro el cumplimiento honorable de los deberes de su cargo, le es dado poder elegir por sí mismo a su Adjunto (Diputado Gran Maestro), que debe ser, o haber sido, Maestro (Venerable) de una Logia particular y tiene el privilegio de actuar como actuaría su superior, el Gran Maestro, de no hallarse éste presente y no haber dejado manifestada su voluntad por escrito.

Estos Maestros y gobernantes supremos, y subordinados de la antigua Logia, tienen que ser obedecidos en sus funciones respectivas por todos los Hermanos, conforme a los Antiguos Deberes y Reglamentos, con humildad, respeto, afecto y diligencia.

V

DE LA CONDUCTA DE LOS MASONES EN EL TRABAJO

Todo Masón trabajará honradamente durante los días laborables a fin de poder vivir honorablemente los días festivos, respetando el tiempo prescrito o consagrado por el uso en cada país.

El más experto entre los Compañeros será elegido o nombrado Maestro o también Inspector de Trabajos, y quienes trabajen a sus órdenes le llamarán Maestro. Los obreros deberán evitar toda conversación deshonesta, no interpelarse usando nombres descorteses, sino los de Hermano o Compañero, y comportarse correctamente (cívicamente), tanto en el interior como en el exterior de la Logia.

El Maestro, consciente de su capacidad, se encargará del trabajo en las condiciones más razonables y hará uso de los materiales como si fueran de su propiedad. No asignará a ningún Compañero o Aprendiz salario superior a aquel que realmente merezcan.

El Maestro y los masones recibirán sus salarios equitativamente, serán fieles a quien los emplea, ejecutarán lealmente su trabajo, por obra realizada o por jornada, pero no deberán emprender como obra aquello que suele hacerse por jornadas.

Ninguno deberá sentirse celoso de la prosperidad de otro Hermano y no intentará suplantarle o que sea apartado de su trabajo si es capaz de ejecutarlo, ya que nadie puede terminar el trabajo iniciado por otro, con las mismas ventajas que para aquel a quien esté destinado, si no se está perfectamente enterado de los proyectos y planes de quien lo haya empezado. Cuando un Compañero es elegido Vigilante de Obra, subordinado al Maestro, deberá ser franco tanto respecto a éste como a los Compañeros, vigilar atentamente el trabajo en ausencia del Maestro y será obedecido por sus Hermanos.

Todos los masones aceptarán prudentemente su salario, sin murmuraciones ni protestas, y no abandonarán al Maestro hasta haber terminado el trabajo.

Los Hermanos jóvenes deben recibir instrucción en la labor, a fin de evitar que, por inexperiencia, malgasten los materiales, y para acrecentar y consolidar en ellos el amor fraternal.

Todos los útiles empleados en el trabajo deben haber sido aprobados por la Gran Logia.

No debe emplearse a ningún bracero en lo que es el trabajo masónico propiamente dicho, ni tampoco deberán los Francmasones, sin haber urgente necesidad de ello, trabajar con quienes no son «libres»; no enseñarán a los braceros y masones «no aceptados» aquello que sólo deben enseñarse entre sí.

VI

DEL COMPORTAMIENTO

1º *En la Logia, cuando se reúne*

No se debe: formar grupos privados o mantener conversaciones separadas sin permiso del Maestro (Venerable); hablar de temas inoportunos o hacer afirmaciones impertinentes; interrumpir al Maestro, a los Vigilantes o a un Hermano que dialogue con el Maestro; adoptar una actitud jocosa cuando la Logia debate algo serio y solemne; emplear, bajo ningún pretexto, un lenguaje soez, sino testimoniar siempre al Maestro, a los Vigilantes y a los Hermanos el respeto debido, manifestándolo significativamente.

Si se formula una queja, el Hermano reconocido como culpable se someterá al juicio y decisión de la Logia, que tiene la jurisdicción adecuada y competente en tales diferendos (a menos que se recurra en apelación a la Gran Logia) y ante la que deben ser dilucida-

---

NOTA: El lector percibirá, sin duda, que en el texto se utilizan expresiones del lenguaje laboral de la época con un valor críptico que sólo en la vivencia masónica alcanza todo su sentido. Existe una extensa jurisprudencia interpretativa y una abundante bibliografía a disposición de quienes se interesen.

dos, de no ser que ello implique una interrupción del trabajo, en cuyo caso se podrá ordenar un procedimiento específico. En ningún caso se puede acudir a los tribunales en relación con temas que conciernan a la Masonería sin que la Logia haya reconocido la absoluta necesidad de ello.

2º *Terminados los trabajos de Logia, sin haberse retirado aún los Hermanos*

Se puede departir con festiva y sana alegría y darse el tratamiento recíproco del que se guste, pero evitando los excesos. No se fuerce a un Hermano a beber o comer más de lo que desee, no se le impida retirarse si alguna circunstancia se lo exige, ni se haga o diga nada que pueda ser hiriente o que contravenga una conversación apacible y libre, pues ello rompería la buena armonía y destruiría nuestros loables fines. Por eso, las animosidades personales y las querellas privadas no deben franquear la puerta de la Logia, ni tampoco deben hacerlo —con mayor motivo— las discusiones sobre religión, nacionalidad o política. Tenemos, como masones, la religión universal antedicha y somos también de todas las nacionalidades, tenemos todos los idiomas, somos de todas las razas, usamos todos los lenguajes y somos decididamente adversos a toda política, ya que ésta jamás ha sido y jamás podrá ser sino funesta para el bien de las logias*. Esta obligación fue estrictamente impuesta y observada en todas las épocas, pero sobre todo desde que se implantó la Reforma en Gran Bretaña o desde que las naciones británicas se retiraron y separaron de la comunión romana.

---

* La «política» de la sociedad civil desconoce los principios iniciáticos sagrados de la Masonería.

3º *Cuando los Hermanos se encuentran, sin presencia de profanos, pero fuera de una Logia*

Se saludarán cortésmente, de la forma en que se les ha enseñado, llamándose mutuamente Hermano, comunicándose francamente la información que les parezca útil, siempre que no estén siendo observados y no puedan ser oídos, sin intromisión o falta al respeto a que tendría derecho un Hermano, incluso si no fuera masón: aunque todos los masones son Hermanos y estén a un mismo nivel, la Masonería no sustrae a un hombre los honores de que gozara antes de hacerse miembro de ella, sino que, por el contrario, le incrementa esos honores, especialmente si ha servido correctamente a la Cofradía, que viene obligada a honrar a quienes se deben honores y a evitar los malos modos.

4º *En presencia de profanos*

Se observará circunspección en las palabras y en la compostura, de forma que el extraño más avisado no pueda descubrir o adivinar lo que no es bueno que sepa; y algunas veces habrá que desviar la conversación y encauzarla prudentemente en bien de nuestra respetable Fraternidad.

5º *En casa y en el entorno*

Hay que comportarse como conviene a un hombre ilustrado y moral, y concretamente: no comentar con familiares, amigos ni vecinos temas de Logia, etc., sin perder de vista, prudentemente, el propio honor y el de nuestra vieja Cofradía. Y ello por razones que no tienen que ser mencionadas aquí. No se debe ser negligente con los propios intereses permaneciendo demasiado tiempo ausente de casa después de las horas de Logia y hay que guardarse de la embriaguez o de la gula. Que la familia no se sienta herida ni descuidada, ni uno mismo incapaz de trabajar.

6º Respecto a un Hermano extranjero

Habrá que interrogarle discretamente, en la forma que dicte la prudencia, para no ser engañado por un ignorante con falsas intenciones, a quien habría que rechazar con desprecio y burla. Guardémonos de darle luz.

Pero si se llega a la certidumbre de que se trata de un Hermano verdadero y regular, habrá de ser tratado consecuentemente; y, si se halla en aprietos, habrá de ser ayudado, de ser posible, o habrá que indicarle el medio para que obtenga ayuda. Se le empleará durante algunos días o se le procurará algún trabajo. En todo caso no existe obligación de hacer más de aquello que se pueda, sino tan sólo la de dar preferencia a un Hermano pobre, bueno y sincero, sobre cualquier otra persona que se halle en idéntica situación.

En resumen, hay que ajustarse a todas estas obligaciones, así como a aquellas que sean comunicadas por otros medios. Se cultivará el amor fraternal, que es la base, la piedra angular, el cimiento y la gloria de nuestra vieja Cofradía. Hay que evitar cualquier tipo de disputa o querella, rechazar toda maledicencia o calumnia. No debemos permitir que en nuestra presencia se hable mal de un Hermano estimable, sino que hemos de defenderlo, ayudándole en la medida en que lo permitan el propio honor y seguridad, sin tener que ir más allá de esto. Si un Hermano nos perjudica, llevaremos el asunto a nuestra Logia o a la suya y de éstas podremos apelar a la Gran Logia, durante la Asamblea trimestral, y finalmente a la Gran Logia anual, como permite la loable costumbre observada desde siempre y en todos los países por nuestros antepasados. No se iniciará un proceso más que si el diferendo no puede realmente ser solventado de otro modo y escuchando con paciencia las opiniones fraternales de nuestros Maestros y Compañeros cuando intenten disuadirnos de la comparecencia ante los tribunales profanos o, cuando no haya otra solución, nos aconsejen acelerar el proceso para que podamos dedicarnos a los asuntos masónicos con mayor diligencia y éxito.

Si se produjera una diferencia entre Hermanos, el Maestro (Venerable) y los Compañeros, con la ayuda de aquellos más versados en Derecho, ofrecerán su mediación, que las partes encausadas aceptarán con gratitud. Si de ello no surgiese una solución realizable y no se pudiera evitar el proceso, los Hermanos lo seguirán sin odio ni rencor (contra lo que es habitual), no haciendo ni diciendo nada que sea incompatible con el amor fraterno y susceptible de romper las buenas relaciones que deben unir a dos Hermanos, para que todo el mundo pueda juzgar la benéfica influencia de la Masonería y ver cómo todos los verdaderos masones han procedido desde el comienzo del mundo y procederán hasta la consumación de los tiempos.

AMÉN, ASÍ SEA

Nota: Aparecen añadidos los términos (Venerable) y (Real) junto a «Maestro» y «Arte» a fin de aclarar el sentido que en las Constituciones tienen ambos. En 1723 sólo se llamaba Maestro al Compañero elegido por sus Hermanos para presidir la Logia puesto que aún no existía la maestría como grado iniciático. Posteriormente, al existir diversos Maestros en cada Logia, recibe el título de Venerable Maestro aquel que la preside asistido por el 1º y 2º Vigilantes de Logia, que son también Maestros.

Apéndice
Algunos francmasones célebres

LA Masonería ha atraído habitualmente a individuos caracterizables por sus inquietudes científico-filosóficas que han actuado en medios sociales diversos, a lo largo de los casi tres siglos de existencia de la Orden, subrayando la dimensión humanista de la actividad a la que vocacionalmente hayan dedicado su empeño. Sólo algunos, naturalmente, han alcanzado cotas de celebridad en sus respectivos países y algunos otros a nivel mundial. Con todo, una lista exhaustiva de ellos bastaría para componer un abultado volumen. He aquí tan sólo los nombres de aquellos que pueden resultar más familiares por su conexión con nuestra historia o nuestra cultura:

EN ESPAÑA

Abarca de Bolea, P. (Conde de Aranda)
Alcalá Galiano, Antonio
Alvarez Mendizábal, Juan
Araquistain, Luis
Argüelles, Agustín
Azaña, Manuel
Becerra, Manuel
Benlliure, Mariano
Blasco Ibáñez, Vicente

Bretón, Tomás
Borbón, Francisco de Paula
Campomanes, Pedro Rodríguez de
Casado del Alisal, José
Cea Bermúdez, Francisco
Companys, Luis
Daoíz, Luis
De la Cierva, Juan
Echegaray, José (premio Nobel)
Espronceda, José
Fernández de los Ríos, Á,
Floridablanca, Conde de
Gómez de la Serna, Ramón
Gris, Juan
Iriarte, Tomás
Istúriz, F. Javier
Jiménez de Asúa Luis
Jovellanos, Gaspar Melchor de
Lacy, L. (General)
Larra, Mariano José de
Largo Caballero, Francisco
León, Diego (de)
Lista, Alberto
Martínez Barrios, Diego
Martínez de la Rosa, Francisco
Méndez Núñez, Casto
Milans del Bosch, Francisco
Monturiol, Narciso
Moyano, Claudio
Núñez de Arce, Gaspar
Olavide, Pablo de
Ortega y Gasset, Eduardo
Peral, Isaac
Porlier, J. Díaz
Prim y Prats, Juan
Ramón y Cajal, Santiago (premio Nobel)
Riego, Rafael (del)

Ríos, Fernando (de los)
Rodríguez, Ventura
Romea, Julián
Ruiz Zorrilla, Manuel
Sagasta, Práxedes Mateo
Samaniego, Félix Mª
Torrijos, José Mª
Velarde, Pedro
Vega, Ventura de la

EN HISPANOAMÉRICA

Alemán, Miguel
Belgrano, Manuel
Blanco Encalada, Manuel
Bolívar, Simón
Bravo, Nicolás
Carrera, José Miguel
Cárdenas, Lázaro
Darío, Rubén
Figueredo Socarrás, Fernando
Juárez, Benito
Martí, José
Martínez Torres
Miranda, Francisco A.
Mitre, Bartolomé
O'Higgins, Bernardo
Portes Gil, Emilio
Puyrredón, Juan Martín
San Martín, José
Sarmiento, D. Faustino
Urquiza, Justo José

EN OTROS PAÍSES OCCIDENTALES:

Aldrin, Edwin (primer hombre en la Luna. Grado 33)

Amstrong, Luis
Beethoven, Ludwig van
Bonaparte, José
Bonaparte, Luis
Bonaparte, Napoleón
Berzelius (descubre el electromagnetismo)
Belzoni, G. B.
Buffalo Bill
Cagliostro
Carnot
Carvalho e Melo (marqués de Pombal)
Casanova, Juan Jacobo
Citroën, André
Crudeli, Tommaso (Poeta italiano, primer mártir de la Orden)
Cherubini
Churchill, Winston
Doyle, Arthur Conan
De Mille, Cecil B.
Duke Ellington
Dunant, Henri (fundador de la Cruz Roja)
Federico II de Prusia
Fleming, Alexander
Franklin, Benjamin
Fermi, Enrico
Fichte, Johann
Ford, Henry
Garibaldi, G.
Gibbon, Edward
Goethe, J. W.
Gillette, K. G.
Hahnemann, Samuel (Homeopatía)
Hardy, Oliver
Helvecio, Claude
Heine, Heinrich
Hydn, Joseph
Houdini, Harry

Jefferson, Thomas
Lafayette
Lafontaine, H.
Laplace
Lavoisier
Lindberg, Charles
Liszt, Franz
Litré, Emile
Locke, John
Man, Thomas
Marat
Messmer, Anton
Monroe, James
Montesquieu
Mozart, W. A.
Murat, Joaquin
Newton, Isaac (rosacrucista, íntimo de Th. Desaguliers)
Oersted
Parravano, Nicola
Poniatowski, Augusto (Estanislao II de Polonia)
Pouchkine, Alexander
Roosevelt, Theodore
Rudyard Kipling
Sivelius, Jan
Sousa, J. Philip
Sullivan, Arthur
Schweitzer, Albert
Scot, Walter
Truman, H. S.
Voltaire
Washington, George
Wellington (duque de)
Watson, Thomas (fundador de IBM)
Wilde, Oscar
Zamenhof, L. (Esperanto)

Los nombres consignados, a modo de simple muestreo de algunas fuertes personalidades masónicas que, con aciertos y errores, dejaron entre nosotros algo valioso de lo que habían encontrado en sí mismos, corresponden a Hermanos pasados al Oriente Eterno. Que la Paz sea con todos ellos.

Bibliografía

Aïvanov, O. M.: *La lumière, sprit vivant*. Prosveta, Paris.
Alt, A.: *Essays on Old Testament History and Religion*. Doubleday, Garden City (Nueva York).
Ambelain, R.: *La Maçonnerie oubliée*. Laffont, París.
Beresniak, D.: *L'Apprentissage maçonnique*. Tèlètes, París. La Francmaçonnerie. Granger. París.
Berteaux, R.: *Le Rite Ecossais Ancien et Accepté*. Edimaf, París.
Berteaux, R.: *La Symbolique au grade d'Apprentis*. Edimaf, París.
Boucher, J.: *La Symbolique maçonnique*. Dervy, París.
Corneloup, J.: *Je ne sais qu'éppeler*. Ed. du Borrego, París
Clavel, F. T. B.: *Historia de la Francmasonería*. Museo Universal, Madrid.
Davies, P.: *La mente de Dios*. Mac Graw Hill, Madrid.
Diccionario Enciclopédico Masónico. Edic. Valle de México.
Durand, G.: *Les structures anthropologiques de l'imaginaire*, Plon, París.
Ferrer Benimeli, A. (S.J.): *Masonería española contemporánea*. Siglo XXI, Madrid.
Friedman, R. E.: *¿Quién escribió la Biblia?* Martínez Roca, Barcelona.
Gedalge, A.: *Manuel du Symbolisme maçonnique*. Libro 1º.

Gray, E. M.: *Old Testament Criticism*. Harper, Nueva York.
Goblet d'Alviella.: *Los Orígenes del grado de Maestro*. Edicom.
Guénon, R.: *Aperçus sur l'Initiation*. Dervy, Paris.
Guénon, R.: *La crisis del mundo moderno*, Obelisco, Barcelona. Oriente y Occidente. CS, B. Aires.
Heindel, M.: *Concepto Rosacruz del Cosmos*. L. Cárcamo, Madrid.
Mackey, R. W.: *El simbolismo francmasónico*. Diana, México.
Naudon, P.: *Histoire, rituels, et tuileur des hauts grades*. Edit. Dervy.
Rezo, Z.: *Karma y sexualidad*. Kier, Buenos Aires.
Plantagenet, E.: *Causeries initiatiques en Loge d'Apprentis*. Dervy, París.
Simon Halevy, Z.: *The work of the kabbalist*. W. Kenton.
Schwaller de Lubick, R. A.: *Du Symbole et de la Symbolique*. Dervy, París.
Sperry. R. N.: *Estructura y significado de la revolución de la conciencia*.
Wirth, O.: *Les Mystères de l'Art Royal*. Dervy, París. Qui est regulier? Dervy, París.
Wolfstieg, R.: *Ursprung und Entwicklung der Freimaurerei*. Bauhütten, Münster.

COLECCIÓN NUEVOS TEMAS

- 5 ¿REFLEXIONES SOBRE VIDA DESPUÉS DE LA VIDA, *por R. A. Moody.*
- 9 USTED YA ESTUVO AQUÍ, *por E. Fiore.*
- 10 EL PODER DEL PENSAMIENTO ALFA... MILAGRO DE LA MENTE, *por J. Stearn.*
- 13 HUMOR Y SALUD, *por R. A. Moody.*
- 14 LO QUE VIERON... A LA HORA DE LA MUERTE, *por K. Osis y E. Haraldsson.*
- 16 VIDA ANTES DE LA VIDA, *por H. Wambach.*
- 17 EL PULSO SILENCIOSO, *por G. Leonard.*
- 19 NUEVOS DESCUBRIMIENTOS SOBRE LA REENCARNACIÓN, *por G. Cerminara.*
- 26 EL PODER TOTAL DE LA MENTE, *por D. L. Wilson.*
- 32 VISUALIZACIÓN CREATIVA, *por R. Shone.*
- 43 MÁS ALLÁ LA LUZ, *por el Dr. Raymond A. Moody, Jr.*
- 52 DICCIONARIO DE LOS SUEÑOS, *por Raphael.*
- 53 LOS MUERTOS NOS HABLAN, *por F. Brune.*
- 57 REGRESIONES, *por R. A. Moody.*
- 60 EL MILAGROSO PODER DE LA MENTE, *por D. Custer.*
- 67 EL TAI CHI, *por P. Cromton.*
- 70 MÁS CERCA DE LA LUZ, *por M. Morse.*
- 77 HISTORIA DEL DIABLO, *por A. M. di Nola.*
- 79 EL SUFISMO, *por S. F. Haeri.*
- 80 CÓMO DESARROLLAR SUS FACULTADES PSÍQUICAS, *por M. Swainson y L. Bennett.*
- 83 PROFECÍAS DE ARMAGEDÓN, *por G. R. Jeffrey.*
- 84 DESARROLLE EL HEMISFERIO DERECHO DE SU CEREBRO EN 30 DÍAS, *por K. Harary y P. Weintraub.*
- 85 CÓMO POTENCIAR SU MEMORIA EN 30 DÍAS, *por K. Harary y P. Weintraub.*
- 87 LA VIDA SECRETA DE LAS CÉLULAS, *por R. B. Stone.*
- 88 EL BUDISMO, *por J. Snelling.*
- 89 PALABRAS GNÓSTICAS DE JESÚS EL CRISTO, *por A. Wautier.*
- 91 LOS EVANGELIOS APÓCRIFOS, *por P. Crépon.*
- 95 REENCUENTROS, *por R. A. Moody y P. Perry.*
- 100 POR QUÉ SOY MASÓN, *por A. Hurtado.*
- 101 LA ESPADA Y EL GRIAL, *por A. Sinclair.*
- 102 EL ENIGMA DE LOS ESENIOS, *por H. Schonfield.*

103 SALVADO POR LA LUZ, *por D. Brinkley y P. Perry.*
105 MISTERIO Y MENSAJE DE LOS CÁTAROS, *por J. Blum.*
106 ROSWELL: SECRETO DE ESTADO, *por J. Sierra.*
107 ÚLTIMAS VISIONES, *por M. Morse y P. Perry.*
108 JERUSALÉN, LA CRUZADA INTERMINABLE, *por Sinclair.*
109 EL HIJO DEL ALBA, *por G. Chopra.*
110 MÁS SOBRE VIDA DESPUÉS DE LA VIDA, *por R. A. Moody.*
111 VIDA DESPUÉS DE LA VIDA, *por R. A. Moody.*
112 1001 ESTRATEGIAS AMOROSAS, *por Papillón.*
113 EL RETORNO DE LOS DIOSES, *por E. Däniken.*
114 LAS SIETE CLAVES DE LA CURACIÓN, *por G. Epstein.*
115 EL SABER DEL ANTIGUO EGIPTO, *por Ch. Jacq.*
116 EL FUEGO AZUL, *por M. Sol Olba.*
117 EL LIBRO DE LAS 7 VERDADES, *por C. Miller.*

COLECCIÓN NUEVA ERA

- 2 **MANUAL PARA LA INTERPRETACIÓN DE LOS SUEÑOS,** por S. Kaplan Willians.
- 8 **LOS CHAKRAS,** por H. Johari.
- 10 **PSICO-ASTROLOGÍA KÁRMICA,** por G. Waxkowsky y M. González Sterling.
- 27 **EL PUNTO DE QUIETUD,** por Ramiro A. Calle.
- 28 **I-CHING Y PSICOLOGÍA TRANSPERSONAL,** por M. González Sterling.
- 31 **EL LIBRO DEL KI,** por K. Tohei.
- 36 **EL HOMBRE ES MÁS QUE SU CUERPO,** por W. Weber.
- 38 **MEDITACIONES PARA MUJERES QUE HACEN DEMASIADO,** por A. Wilson Schaef.
- 40 **RECOBRA TU INTIMIDAD,** por A. Wilson Schaef.
- 41 **RESPIRANDO,** por M. Sky.
- 44 **MEDITACIÓN EN LA ACCIÓN,** por Ch. Trungpa.
- 45 **ASTROLOGÍA KÁRMICA BÁSICA,** por M. González Sterling.
- 47 **LA SABIDURÍA DEL ZEN,** por T. Leggett.
- 48 **LA PRÁCTICA DE LA SEXUALIDAD SAGRADA,** por S. Saraswati y B. Avinasha.
- 49 **EL PODER CURATIVO DE LAS GEMAS,** por H. Johari.
- 50 **SOBRE EL VIVIR Y EL MORIR,** por D. Feinstein y P. Elliot.
- 51 **EL TAO DEL DINERO,** por W. Lubeck.
- 53 **YOGA EN CASA CON RAMIRO CALLE,** por Ramiro A. Calle.
- 54 **KARMA,** por A. Hoefler.
- 56 **EL CAMINO DE LA TRANSFORMACIÓN,** por S. Gawain.
- 57 **KUNDALINI Y LOS CHAKRAS,** por G. L. Paulson.
- 58 **CAMPOS ENERGÉTICOS,** por A. Ainz y C. Martín.
- 59 **LA MÚSICA Y SU MENTE,** por H. L. Bonny y L. M. Savany.
- 60 **MÉTODO DE LA CURACIÓN POR LOS RAYOS,** por Z. F. Lansdawne.
- 61 **LA PRÁCTICA DEL TAI CHI Y TAI CHI QIGONG,** por D. Connor.
- 62 **LA VIPASSANA,** por W. Hart.
- 63 **LA VÍA SECRETA DEL HÉROE,** por Ramiro A. Calle.
- 65 **AMA PARA SER FELIZ,** por M. Bahadori.
- 67 **LA SUERTE ESTÁ EN TI,** por M. S. Olba.
- 68 **EL GRAN LIBRO DE LOS CHAKRAS,** por S. Sharamon y B. J. Baginski.

69 **TU MENTE PUEDE CURARTE**, *por Dr. y Dra. Borysenko.*
71 **EL TAO DE POOH**, *por B. Hoff.*
72 **EL TAO DE LA FILOSOFÍA**, *por A. Watts.*
73 **EXPERIENCIAS TRANSFORMADORAS**, *por Chamalú.*
74 **LUZ EN LO OSCURO**, *por M. S. Olba.*
75 **FLORECER DEL LOTO**, *por T. Nhat Hanh.*
76 **RELAJACIÓN Y RESPIRACIÓN EN CASA**, *por Ramiro A. Calle.*
77 **LAS FILOSOFÍAS DE ASIA**, *por A. Watts.*
78 **LAS ENSEÑANZAS DEL CRISTIANISMO ESOTÉRICO**, *por S. Atteshlis.*
79 **PRÁCTICAS DEL CRISTIANISMO ESOTÉRICO**, *por S. Atteshlis.*
80 **PRÁCTICA DEL TACTO AMOROSO**, *por F. Benedikter.*
81 **EL MISTERIO DE LA RAZA PERDIDA**, *por A. Pitoni.*
82 **EL PODER DEL AMOR**, *por M. S. Olba.*
83 **ASTROLOGÍA KÁRMICA**, *por G. Waxkowsky y M. González Sterling.*
84 **EL GRAN LIBRO DEL REIKI**, *por S. Schull.*
85 **AQUÍ Y AHORA**, *por Osho.*
86 **NUEVA CURACIÓN CON LOS CHAKRAS**, *por C. Da.*
87 **LOS CUATRO NIVELES DE LA SANACIÓN**, *por S. Gawain.*
88 **CAMINO DEL PODER DEL GUERRERO TOLTECA**, *por Tomás.*
89 **EL SECRETO DEL ENEAGRAMA**, *por K. Vollhar.*
90 **LOS CHAKRAS Y LOS ARQUETIPOS**, *por A. Wauters.*
91 **LOS PIES REFLEJO DE LA PERSONALIDAD**, *por I. Somogyi.*
92 **EN BUSCA DE LA TRASCENDENCIA**, *por Osho.*
93 **2012 LA PROFECÍA MAYA**, *por A. Beuttenmüller.*
94 **EL TAO DE LA MEDITACIÓN**, *por S. H. Wolinsky.*
95 **LOS TIPOS DE PERSONALIDAD**, *por S. Zannos.*
96 **MANOS DE VIDA**, *por J. Motz.*
97 **EL GRAN LIBRO DEL AURA**, *por J. H. Slate.*
98 **LA MUJER QUE BRILLA EN LA OSCURIDAD**, *por E. Ávila.*
99 **HOMBRES QUE QUIEREN SER**, *por A. Velasco Piña.*

SERIE GUÍAS DE EDGAR CAYCE

- 9 **REVELACIONES,** *por Edgar Cayce.*
- 17 **MILAGROS DE CURACIÓN,** *por William A. McGarey.*
- 19 **UNA VIDA DE JESÚS EL CRISTO,** *por Richard Henry Drumond.*
- 20 **MÚLTIPLES MORADAS,** *por Gina Cerminara.*
- 21 **EL DESPERTAR DE LOS PODERES PSÍQUICOS,** *por Henry Reed.*
- 24 **REFLEXIONES SOBRE EL CAMINO,** *por H. B. Puryear.*
- 25 **LOS SUEÑOS,** *por Mark Thurston.*
- 29 **REENCARNACIÓN,** *por Lynn Elwell Sparrow.*
- 37 **LA MISIÓN DEL ALMA,** *por Mark Thurston.*
- 39 **MISTERIOS DE LA ATLÁNTIDA,** *por Edgar Evans Cayce y otros.*
- 42 **CRECIMIENTO INTERIOR,** *por Harmon Hartzell Bro y June Avis Bro.*
- 46 **EL CAMINO POR RECORRER,** *por Richard Peterson.*
- 55 **LAS CLAVES DE LA SALUD,** *por Eric Mein.*
- 64 **EDGAR CAYCE, EL PROFETA DURMIENTE,** *por Jess Stearn.*
- 66 **EL SEXO Y EL CAMINO ESPIRITUAL,** *por H. B. Puryear.*